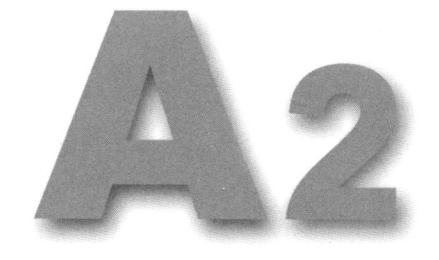

# ((( ECO )))
**Curso Modular de Español Lengua Extranjera**

## Cuaderno de Refuerzo

**A2**

Alfredo González Hermoso
Carlos Romero Dueñas

edelsa
GRUPO DIDASCALIA, S.A.

Primera edición: 2004

Impreso en España / *Printed in Spain*

©**Edelsa Grupo Didascalia**, S.A. Madrid, 2004
Autores: Alfredo González Hermoso y Carlos Romero Dueñas

*Dirección y coordinación editorial:* Departamento de Edición de Edelsa
*Diseño de cubierta:* Departamento de Imagen de Edelsa
*Diseño y maquetación de interior:* El Ojo del Huracán, S.L.

Imprenta: Lavel

ISBN: 84-7711-887-6
Depósito Legal: M-8767-2004

Fuentes, créditos y agradecimientos:

*Ilustraciones:*
Nacho de Marcos

Notas:
- La editorial Edelsa ha solicitado los permisos de reproducción correspondientes y agradece a todas aquellas instituciones que han prestado su colaboración.
- Las imágenes y documentos no consignados más arriba pertenecen al departamento de Imagen de Edelsa.

# Índice

| Unidad | Comprensión lectora | Expresión escrita | Léxico | Gramática y comunicación |
|---|---|---|---|---|
| **9** Reservar en un hotel — Pág. 52 | • Hoteles y servicios. <br> • Paradores de turismo. | • Elegir un viaje. <br> • Reservar en un hotel. | • Categorías y servicios de hotel. <br> • Reservas. | • Expresar gustos y preferencias. <br> • Usos de *SER* y *ESTAR* (I). <br> • Reservar una habitación. <br> • Posesivos. |
| **10** Pedir en un restaurante — Pág. 58 | • Restaurantes. <br> • Horarios de comidas en España. | • Pedir en un restaurante. <br> • Encuesta sobre hábitos de comida. | • Comidas y bebidas. <br> • Carta de un restaurante. <br> • Recetas. | • En un restaurante o en una tienda. <br> • Usos de *SER* y *ESTAR* (II). <br> • Cuantificadores. <br> • Pronombres personales. |
| **11** Comprar en una tienda — Pág. 64 | • Tiendas de ropa. <br> • Venta por correspondencia. | • Comprar en una tienda. <br> • Comprar por Internet. | • Prendas de vestir. <br> • Tejidos y materias. | • Manejarse en una tienda. <br> • Presente de Indicativo. <br> • Usos de *SER* y *ESTAR* (III). <br> • Comparativos y superlativos. |
| **12** Planear actividades — Pág. 70 | • El tiempo libre de los españoles. <br> • Deporte y salud. | • Planear actividades. <br> • Salir con amigos. <br> • Hábitos deportivos. | • Actividades para el tiempo libre. <br> • Deportes. | • Pretérito Indefinido. <br> • Preposiciones. <br> • Expresar la causa. |
| **13** Hablar por teléfono — Pág. 76 | • La telefonía móvil en América Latina. <br> • Avisos. | • Concertar citas. <br> • Escribir mensajes SMS. <br> • Escribir cartas. | • Conversaciones telefónicas. <br> • Hechos habituales. | • Hablar de hechos recientes. <br> • Participio. <br> • Pretérito Perfecto. <br> • Contraste Pretérito Perfecto e Indefinido. |
| **14** Describir un accidente — Pág. 82 | • Los accidentes de tráfico. <br> • Anuncios personales. | • Describir un accidente. <br> • Formulario del seguro. | • Conducir. <br> • Averías y reparaciones. | • Pretérito Imperfecto. <br> • Describir hechos del pasado. <br> • Contraste Pretérito Imperfecto e Indefinido. |
| **15** Viajar en avión — Pág. 88 | • Derechos del viajero. <br> • Anuncios de vuelos. | • Viajar en avión. <br> • Cuestionario para el pasajero. | • Aviones y aeropuertos. <br> • Estados físicos y de ánimo. | • Pedir algo, dar instrucciones, aconsejar. <br> • Imperativo. <br> • Imperativo + pronombres. <br> • Diminutivos. |
| **16** Hablar del futuro — Pág. 94 | • El hombre del siglo XXI. <br> • La casa del futuro. | • Escribir notas. <br> • Cuestionario sobre el uso de Internet. | • Electrodomésticos. <br> • Aparatos de imagen y sonido. | • Futuro. <br> • La oración condicional. <br> • Impersonalidad. |

**Apendice gramatical**    Pág. 100    **Verbos**    Pág. 107

# 9 Reservar en un hotel

| | |
|---|---|
| Comprensión lectora | • Hoteles y servicios.<br>• Paradores de turismo. |
| Expresión escrita | • Elegir un viaje.<br>• Reservar en un hotel. |
| Léxico | • Categorías y servicios de hotel.<br>• Reservas. |
| Gramática y comunicación | • Expresar gustos y preferencias.<br>• Usos de *SER* y *ESTAR* (I).<br>• Reservar una habitación.<br>• Posesivos. |

**1.** Describe los personajes y la situación. Después imagina el diálogo.

.................................................................................................
.................................................................................................
.................................................................................................
.................................................................................................
.................................................................................................

# Comprensión lectora A
## Hoteles y servicios. Paradores de turismo

### 1a. Lee estos anuncios de hoteles.

**HOTEL AGUAMARINA**★★
Hotel en el centro de Estepona, a menos de 150 metros de la playa.
Servicios: teléfono, televisión con satélite, aire acondicionado, Internet.
Avda. San Lorenzo, 32
29680 Estepona, Málaga.
Costa del Sol, España.
Tfno: (+34) 952 806 155
reservas@hotelaguamarina.com
http://www.hotelaguamarina.com

**HOTEL GRAN MELIÁ DON PEPE**★★★★★
A sólo 500 m del centro de Marbella, directamente en la playa. Habitaciones con maravillosas vistas al Mediterráneo.
A 35 minutos del aeropuerto.
Servicios: garaje, restaurante, caja fuerte, salón de reuniones.
C/ José Meliá, s/n
29600 Marbella, Málaga. ESPAÑA
Tfno: (+34) 952 770300 Fax (+34) 952 779954
Mail gran.melia.don.pepe@solmelia.com

### 1b. ¿Qué tienen igual los dos hoteles? Marca las respuestas correctas.

- ☑ Están en la provincia de Málaga.
- ☐ Están cerca de la playa.
- ☐ Se puede comer.
- ☐ Tienen garaje.
- ☐ Están en el centro de la ciudad.
- ☐ Tienen las mismas estrellas.
- ☐ Tienen dirección de correo electrónico.
- ☐ Tienen habitaciones con vistas al mar.

### 2. Lee el texto y completa el cuadro.

*Parador de Albacete*
Situado en el corazón de Castilla-La Mancha, para disfrutar de una estancia tranquila y relajada y realizar actividades relacionadas con la naturaleza, como paseos a caballo, excursiones, etc. Habitaciones confortables. El jardín y la piscina dan un ambiente que ayuda a encontrar el descanso y la tranquilidad.

*Parador de Santillana*
Esta casona, con la arquitectura típica de la zona, está en el centro de la bonita ciudad de Santillana del Mar. Ideal para realizar excursiones y practicar deportes como el esquí, la caza y la pesca. El restaurante ofrece los platos típicos de la cocina de Cantabria.

*Parador de Antequera*
En el corazón de Andalucía. Este espacioso y tranquilo Parador, rodeado de verdes jardines y con piscina, se encuentra cercano a todas las capitales andaluzas. Antequera, por otra parte, tiene monumentos de las épocas romana y árabe.

**PARADORES**

|  | Comunidad autónoma | Servicios | Actividades |
|---|---|---|---|
| Parador de Albacete |  |  |  |
| Parador de Santillana |  |  |  |
| Parador de Antequera |  |  |  |

# B Expresión escrita
## Elegir un viaje. Reservar en un hotel

**1. Completa el formulario para una agencia de viajes.**

| Expresar gustos | Expresar interés |
|---|---|
| (No) me gusta... | (No) me interesa (mucho)... |
| Me encanta... | (No) es muy interesante... |
| (No) me divierte... | (No) estoy (muy) interesado por... |

**LE AYUDAMOS A ENCONTRAR SU VIAJE IDEAL**

*Viajes LLorente*

APELLIDO(S): ..................
NOMBRE: ..................
EDAD: ..................
SEXO: ..................
NACIONALIDAD: ..................
PROFESIÓN: ..................
TELÉFONO: ..................
DOMICILIO: ..................
¿QUÉ TIPO DE HOTELES PREFIERE?
 a) Categoría: ☐ De 1 a 3 estrellas  ☐ De 4 ó 5 estrellas
 b) Ubicación: ☐ En la playa  ☐ En la montaña  ☐ En la ciudad
¿EN QUÉ ÉPOCA DEL AÑO QUIERE VIAJAR? ..................
¿EN QUÉ ACTIVIDADES ESTÁ INTERESADO/A? ..................
..................

**2. Estás en la recepción de un hotel y has reservado una habitación. Completa el diálogo.**

RECEPCIONISTA: Buenas tardes, ¿qué desea?
CLIENTE: ..................
RECEPCIONISTA: ¿A qué nombre?
CLIENTE: ..................
RECEPCIONISTA: Un momento, por favor. ¿Es una habitación doble o sencilla?
CLIENTE: ..................
RECEPCIONISTA: Sí, aquí está: habitación 124. ¿Tiene usted equipaje?
CLIENTE: ..................

**3. Escribe un correo electrónico para hacer una reserva de hotel. Di los días que vas a estar, las habitaciones que quieres, pregunta los servicios del hotel y pide que te envíen información sobre actividades.**

Estimados Señores:
..................
..................
..................
..................
Muchas gracias y un cordial saludo,
..................

# Léxico C

## Categorías y servicios de hotel. Reservas

### 1. Lee el texto y responde a las preguntas.

**CEH** — **Centro de Estudios Hispanos**

Casi todos los estudiantes de español eligen vivir con una familia española las primeras semanas de su estancia en España.
Es la mejor manera de conocer el país, su cultura y su gente. Y también es la forma más natural de poder practicar el idioma español.
Sin embargo, a muchos les gusta vivir en un piso con otros estudiantes internacionales. Centro de Estudios Hispanos les ofrece esta posibilidad.
Todos los pisos están completamente amueblados, y tienen una cocina con todos los electrodomésticos. Pueden elegir entre una habitación individual o una doble. Viviendo en un piso con estudiantes de otros países, tienen la posibilidad de hacer nuevos amigos y de aprender muchas cosas sobre otras personas, culturas y ciudades del mundo.

Por último, Centro de Estudios Hispanos también puede reservar para sus estudiantes una habitación en un hotel o en un hostal. Hay hoteles céntricos de todos los precios.

Pero si necesitan este servicio, tienen que hacer la reserva un mes antes de su llegada a España, sobre todo en verano.

**a. ¿Qué tipos de alojamiento propone Centro de Estudios Hispanos para sus estudiantes?**

..................................................
..................................................
..................................................
..................................................
..................................................

**b. Explica la diferencia entre alojarse con una familia, en un piso compartido o en un hotel.**

- Practicar la lengua.
- Independencia.
- Precio.
- Espacio.
- Etc.

### 2. Relaciona los servicios del hotel Regina con los símbolos.

1. Jardín / terraza
2. Guardería
3. Ascensor
4. Acceso para minusválidos
5. Antena parabólica
6. Piscina

### 3. Clasifica estas expresiones para hacer una reserva.

1. Para dos personas.
2. ¿A nombre de quién?
3. ¿Necesita plaza de garaje?
4. ¿Tienen habitaciones libres?
5. ¿Tiene aire acondicionado?
6. ¿Para cuántas noches?

| Habla el recepcionista | Habla el cliente |
|---|---|
|  | Para dos personas |

## D. Gramática y comunicación
### Expresar gustos y preferencias. Usos de SER y ESTAR (I)

### 1. Clasifica estas expresiones.

1. Yo prefiero un hotel en la playa.
2. Me encantan las vistas de esta habitación.
3. ¿Prefieres un hotel de 3 ó 4 estrellas?
4. Me gusta más este hotel.
5. ¿Le gusta esta habitación?
6. ¿Prefiere una habitación con terraza?

| Preguntar y expresar gustos | Preguntar y expresar preferencias |
|---|---|
|  | Yo prefiero un hotel en la playa. |

### 2a. Escoge la respuesta correcta.

1. Mónica **es** / está una mujer optimista, siempre ve una solución.
2. Es / Está muy alegre porque tiene buenas notas en clase.
3. Es / Está en Madrid por trabajo.
4. Es / Está de Extremadura pero vive en Valencia.
5. La sopa es / está fría.
6. Juan es / está un hombre bastante aburrido.
7. *El País* es / está un periódico español.
8. ¿Dónde es / está el hotel Meliá, por favor?
9. ¿De quién es / está la maleta azul?
10. Llego ahora de viaje y soy /estoy muy cansada.
11. La cena de trabajo es / está la semana próxima.

**Usos de SER:**
- Descripción del físico y del carácter de las personas.
  *Es delgada y con el pelo largo.*
  *Es divertido y generoso.*
- Posesión.
  *¿Es tu ordenador? No, es de Sonia.*
- Localización en el tiempo.
  *La reunión es el jueves.*
- Valoración de objetos y situaciones.
  *Es un buen libro.*
  *La fiesta es muy divertida.*

**Usos de ESTAR:**
- Estados físicos o anímicos de una persona.
  *Estoy muy contento.*
- Localización en el espacio.
  *En Bilbao está el museo Guggenheim.*
- Estados o circunstancias de objetos y lugares.
  *Esa silla está rota.*
  *El restaurante está cerrado.*

### 2b. Completa con SER o ESTAR.

1. ¿Sabes a qué hora ...*es*... la cita?
2. Este bolígrafo no ............ rojo.
3. Mi hijo ............ enfermo.
4. Las habitaciones ............ muy pequeñas.
5. ¿Estas maletas ......... las suyas, señores?
6. ¿............ Laura en su habitación?

### 2c. Completa con ES o ESTÁ.

Juan tiene otro trabajo, pero no ...*está*... contento. Su jefe ............ un hombre serio y demasiado exigente, les grita a todos y siempre ............ enfadado. En realidad, Juan ............ un chico alegre y muy divertido con sus amigos, pero ahora ............ triste y ya no sale los fines de semana porque trabaja demasiado y ............ muy cansado.

### 2d. Clasifica las expresiones siguientes.

a. Muy contento.
b. En el cajón de arriba.
c. Mío.
d. De mi marido.
e. Una mujer alta y morena.
f. Tímido.
g. Tu cumpleaños.
h. Profesor.
i. Lleno.
j. Delante de mí.

| ES... | ESTÁ... |
|---|---|
|  | Muy contento |

# Gramática y comunicación D
## Reservar una habitación. Posesivos

### 3a. Observa.

| Delante del sustantivo | | | | | | |
|---|---|---|---|---|---|---|
| | | Un poseedor | | Varios poseedores | | |
| Masc. | Sing | mi | tu | su | nuestro | vuestro | su |
| | Plur | mis | tus | sus | nuestros | vuestros | sus |
| Fem. | Sing | mi | tu | su | nuestra | vuestra | su |
| | Plur | mis | tus | sus | nuestras | vuestras | sus |

| Detrás del sustantivo o sin sustantivo | | | | | |
|---|---|---|---|---|---|
| Un poseedor | | | Varios poseedores | | |
| mío | tuyo | suyo | nuestro | vuestro | suyo |
| míos | tuyos | suyos | nuestros | vuestros | suyos |
| mía | tuya | suya | nuestra | vuestra | suya |
| mías | tuyas | suyas | nuestras | vuestras | suyas |

**Observaciones:**
- <u>Recuerda:</u> Posesivo + sustantivo:
  *Vamos en mi coche.*
- <u>Pero:</u>
- Detrás del sustantivo:
  *Esta es Sonia, una amiga mía.*
- Detrás del verbo:
  *¿Y este coche? ¿Es tuyo?*
- Detrás del artículo determinado:
  *Este no es mi coche, el mío es azul.*

### 3b. Construye frases según el modelo.

1. Nosotros / las maletas > _Las maletas son nuestras._
2. Tú / el billete. ........................
3. Ustedes / los pasaportes. ........................
4. Yo / el jardín. ........................
5. Ella / el anuncio. ........................
6. Vosotros / el número de teléfono. ........................

### 3c. Relaciona.

a. Es mi equipaje.
b. Es su reserva.
c. Son nuestras camas.
d. ¿Son sus apellidos?
e. ¿Es su marido?
f. Es tu teléfono.

1. Es la suya.
2. ¿Son los suyos?
3. Es el tuyo.
4. Son las nuestras.
5. Es el mío.
6. ¿Es el suyo?

### 3d. Completa el diálogo. Elige en cada caso la respuesta correcta.

Cliente a: Buenas tardes, tenemos una reserva.
Recepcionista: Sí. ¿Su / el suyo / mi / nombre, por favor?
Cliente a: Esteban Ramos.
Recepcionista: Aquí está. Dos habitaciones, ¿verdad?
Cliente a: Eso es.
Recepcionista: ¿Es aquel / nuestro / suyo / su / equipaje?
Cliente b: No, / mío / nuestro / el nuestro / es este.
Recepcionista: Muy bien. Aquí tienen ustedes / vuestras / sus / las suyas / llaves.
Cliente a: Muchas gracias. La mía / mía / mi / habitación es la 233.
Cliente b: ¿Y / la mía / el mío / la tuya?
Cliente a: / La tuya / la mía / mi / es la 234.

# 10 Pedir en un restaurante

| | |
|---|---|
| Comprensión lectora | • Restaurantes.<br>• Horarios de comidas en España. |
| Expresión escrita | • Pedir en un restaurante.<br>• Encuesta sobre hábitos de comida. |
| Léxico | • Comidas y bebidas.<br>• Carta de un restaurante.<br>• Recetas. |
| Gramática y comunicación | • En un restaurante o en una tienda.<br>• Usos de *SER* y *ESTAR* (II).<br>• Cuantificadores.<br>• Pronombres personales. |

**1. Describe la situación e imagina el diálogo.**

# Comprensión lectora A
## Restaurantes. Horarios de comidas en España

### 1. Lee este anuncio de un restaurante y di si es verdadero (V) o falso (F).

**LAS GRUTAS DE ARTILES**
Carretera Las Meleguinas -
Valle de La Angostura, s/n
SANTA BRÍGIDA (LAS PALMAS)

Reservas: ☎ TEL: 928 640 575
☎ FAX: 928 641 250

En LAS GRUTAS DE ARTILES puede degustar la sabrosa cocina típica de las Islas Canarias: escabeche canario, pescado al mojo verde, potaje de berros... y los buñuelos dulces de plátano.

**Horario:** De lunes a sábados de 12 pm a 12 am.
**Precio medio:** 25 euros.
**Garaje gratis para clientes.**

- ☐ Se puede hacer una reserva por teléfono o por fax.
- ☐ El restaurante está especializado en comida canaria.
- ☐ Los buñuelos de plátano son un postre.
- ☐ No se puede comer por menos de 25 euros.
- ☐ Está abierto todos los días de la semana.
- ☐ Se puede desayunar, comer y cenar.
- ☐ No abren los domingos.
- ☐ El garaje vale 25 euros.

### 2a. Lee este texto.

#### LOS HORARIOS DE COMIDAS EN ESPAÑA

Los españoles hacen un desayuno ligero porque a media mañana, sobre las 11, toman un café y un pincho, es decir, una pequeña ración de comida, por ejemplo un poco de tortilla de patatas o un pequeño bocadillo de jamón.
La hora de la comida o almuerzo es entre las 2 y las 3 de la tarde, aunque hay muchos restaurantes que sirven hasta las 4. La hora de la cena va de las 9 de la noche hasta las 11, pero los fines de semana este horario puede ser más largo.
En muchos hogares esta es la comida más importante del día, porque es la única en la que se reúne la familia.

### 2b. Define estas palabras.
a. Almuerzo: ....................................................................
b. Pincho: .......................................................................

### 2c. ¿Por qué los españoles comen poco en el desayuno?

### 2d. ¿Se puede cenar más tarde de las 11 de la noche en un restaurante los sábados?

### 2e. ¿Por qué la cena es la comida más importante para muchos españoles?

### 2f. ¿Cuáles son las diferencias más importantes con respecto a tu país?

## B Expresión escrita
### Pedir en un restaurante. Encuesta sobre hábitos de comida

**1. Completa los minidiálogos.**

a. *Estás en un restaurante; no vas a tomar nada más. Pide la cuenta al camarero y habla con él.*

    CAMARERO: ¿Va a tomar usted algo más?
    CLIENTE: ..............................................................
    CAMARERO: Ahora mismo. ¿Quiere un café? Invita la casa.
    CLIENTE: ..............................................................

b. *Estás en un restaurante. Estás tomando sopa de pescado, pero está muy salada. Habla con el camarero.*

    CAMARERO: ¿Está bien la sopa?
    CLIENTE: ..............................................................
    CAMARERO: ¡Vaya, lo siento! ¿Quiere usted otra cosa?
    CLIENTE: ..............................................................

c. *Estás en una cafetería. Llamas al camarero para pagar. Recuérdale al camarero tu desayuno.*

    CAMARERO: Dígame.
    CLIENTE: ..............................................................
    CAMARERO: Vamos a ver, un desayuno, ¿verdad? Café con leche y ¿qué más?
    CLIENTE: ..............................................................

d. *En la mesa, comiendo. Alguien te pide la ensalada.*

    COMPAÑERO DE MESA: ¿Me pasas la ensalada, por favor?
    TÚ: ..............................................................
    COMPAÑERO DE MESA: No, la sal no, la ensalada.
    TÚ: ..............................................................

**2. Rellena esta encuesta sobre tus hábitos de alimentación.**

### ENCUESTA SOBRE HÁBITOS DE COMIDA

EDAD: ..............................................  SEXO: ..............................................
NACIONALIDAD: ..............................................  PROFESIÓN: ..............................................

¿Dónde compra normalmente?  ☐ Tiendas  ☐ Supermercados  ☐ Internet
¿Por qué compra en tiendas / supermercados / Internet? ..............................................
¿Quién cocina en su casa? ..............................................
¿Cuántos platos toma en cada comida? ..............................................
¿Prefiere pescado fresco o congelado? ............... ¿Por qué? ..............................................
¿Qué clase de carne le gusta más? ☐ Pollo ☐ Cerdo ☐ Ternera ☐ Otras
(Indique cuáles) ..............................................
¿Toma verduras? ................ ¿Cuáles prefiere? ..............................................
¿Cuál es el postre más frecuente en sus comidas? ..............................................
¿Qué bebe normalmente? ..............................................
¿Come fuera de casa alguna vez? ............ ¿Toma comida preparada alguna vez? ...........

# Léxico C

## Comidas y bebidas. Carta de un restaurante. Recetas

### 1. Relaciona.

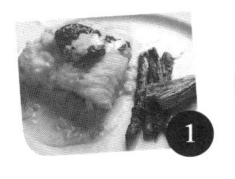

a. Fruta del tiempo.
b. Entrecot a la pimienta.
c. Helados
d. Merluza en salsa.
e. Pescado frito.
f. Tarta de Santiago

### 2. Confecciona el menú de la "Taberna Alfonso" con los platos siguientes.

Calamares a la romana -
Chuletas de cordero - Verduras a la plancha -
Ensalada verde - Entrecot a la pimienta -
Fruta del tiempo - Gazpacho - Helados -
Merluza en salsa - Flan - Paella -
Pescado frito - Pisto manchego -
Sopa de tomate - Tarta de Santiago -
Tortilla de patatas

**MENÚ 12€**

*Primeros:*

*Segundos:*

*Postres:*

TABERNA ALFONSO

### 3. Lee estas recetas y clasifica los alimentos.

**MACEDONIA** 
Ingredientes para 4 personas:
4 naranjas, 1 melocotón, 1 pera, 1 plátano, 4 ciruelas, 4 cerezas, ½ piña, 1 mango, 100 g de fresas y azúcar.
Preparación:
Pelar y cortar las frutas en pequeños cuadrados. Echarlas en una fuente con el zumo de naranja y el azúcar.

**COCIDO** 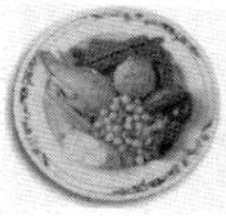
Ingredientes para 4 personas:
250 g de garbanzos, 300 g de carne de ternera, ½ pollo, 100 g de tocino de cerdo, 100 g de chorizo, un trozo de jamón serrano, 2 zanahorias, 1 cebolla, 2 puerros y 2 patatas.
Preparación:
Primero hervir las carnes y después las verduras durante media hora más.

**ZARZUELA** 
Ingredientes para 4 personas:
250 g de merluza, 16 mejillones, ½ kg de calamares, 100 g de almejas, 8 gambas, 4 espárragos, 2 tomates, 1 pimiento y 1 copa de vino blanco.
Preparación:
Hervir los mejillones, las almejas y las gambas. Freír juntos los tomates, el pimiento, los guisantes y los calamares. Juntar todos los ingredientes y hervir unos 15 m.

| carne | pescado | verduras | fruta |
|---|---|---|---|
|  |  |  |  |

# D. Gramática y comunicación
## En un restaurante o una tienda. Usos de *SER* y *ESTAR* (II)

### 1. Di en qué situación usarías las siguientes frases.

a. Pide sólo un segundo, es suficiente.
 Tú estás en...
 ☐ un ascensor.
 ☑ un restaurante.
 ☐ la cola del teatro.

b. ¿Este plato qué lleva?
 Tú quieres saber...
 ☐ los ingredientes de un plato.
 ☐ el precio del menú.
 ☐ de dónde es el plato.

c. ¿Me dice cuánto le debo?
 Tú quieres...
 ☐ pagar la cuenta.
 ☐ saber los platos del menú.
 ☐ ir al servicio.

d. Un kilo de manzanas, por favor.
 Tú estás...
 ☐ pidiendo el postre.
 ☐ preguntando una dirección.
 ☐ comprando en una frutería.

### 2. Observa el cuadro y completa con *SER* o *ESTAR*.

1. Ese plato ..*es*.. fácil de preparar.
2. Estas naranjas ...... muy ricas, ¿quieres una?
3. Pescado y marisco ...... ingredientes de la zarzuela.
4. No me puedo tomar la sopa, ...... muy caliente.
5. El arroz con leche ...... un postre.
6. ¿De qué ..... este plato? ¿De carne?
7. ¿Qué tal ...... las verduras? ¿Te gustan?
8. ¿De dónde ...... los chiles? ¿De México?
9. El cocido ...... un plato muy nutritivo.
10. Esta tortilla sabe mal, ¿....... quemada?

| SER / ESTAR + comidas |
|---|
| **SER: describir las características.** |
| - Origen: *Este churrasco es argentino.* |
| - Composición: *Este plato es de verduras.* |
| - Valoración: *El pisto es muy sano / graso.* |
| **ESTAR: hablar de estados o valorar las preparaciones.** |
| - Estados: *Está muy caliente / frío.* |
| - Resultados de un proceso: *Está salado / soso.* |
| - Valoración de alimentos consumidos: *La merluza está muy buena.* |

### 3. Rellena los huecos de los diálogos con los verbos *SER* o *ESTAR*.

**DIÁLOGO A: EN UN RESTAURANTE**

CAMARERO: ¿Va a comer?
CLIENTE: Sí, voy a tomar el menú. Mire, de primero gazpacho.
CAMARERO: El gazpacho *está* muy bueno, caballero. ¿Y de segundo?
CLIENTE: ¿Qué ..... la zarzuela?
CAMARERO: ..... un plato de pescado y marisco.
CLIENTE: ¡Ah, no! Prefiero carne. ¿Qué tal el asado de ternera?
CAMARERO: ..... recién hecho. Delicioso.
CLIENTE: Perfecto.
CAMARERO: ¿Y de postre?
CLIENTE: Fruta, por favor. ¿El melón ..... frío?
CAMARERO: Sí.
CLIENTE: Muy bien. Pues melón.

**DIÁLOGO B: EN UNA TIENDA**

VENDEDOR: Buenos días, ¿qué desea?
CLIENTE: ¿Estos plátanos ..... de Canarias?
VENDEDOR: No, señora, ..... bolivianos.
CLIENTE: ¡Ah! Pues voy a probarlos. Póngame 1 kilo de estos, que ...... más maduros.
VENDEDOR: ¿Algo más?
CLIENTE: Sí. ¿Qué tal estas ciruelas?
VENDEDOR: ...... muy buenas, pero todavía ........ un poco verdes.
CLIENTE: Ah, entonces no quiero. ¿Y esto qué ... ?
VENDEDOR: ...... mangos. ...... una fruta muy dulce y nutritiva.
CLIENTE: ¿Muy dulce? Entonces no quiero, gracias. Nada más. ¿Cuánto es?

# Gramática y comunicación D
## Cuantificadores. Pronombres personales

**4a. Observa.**

| PARA INDICAR... | |
|---|---|
| una cantidad precisa (con sustantivos contables) | una cantidad imprecisa (con sustantivos no contables) |
| <u>Una</u> ensalada, ¡por favor! <br> Necesito <u>dos</u> tenedores. <br> <u>Otra</u> botella de agua. | <u>Un poco de</u> agua, por favor. <br> ¿<u>Más</u> pan? <br> ¿<u>Hay algo de</u> fruta? <br> Quiero <u>mucho</u> / <u>poco</u> / <u>bastante</u> arroz. |

| | Cosas | Personas |
|---|---|---|
| Identidad indeterminada | algo | alguien |
| Inexistencia | nada | nadie |

¿Quieres <u>algo</u>? <br>
No, gracias, no quiero <u>nada</u>. <br>
¿Viene <u>alguien</u>? <br>
No, no viene <u>nadie</u>.

**4b. Subraya la palabra correcta en cada diálogo.**

1. – ¿Quiere algo de postre?
   – No, gracias, no quiero **mucho / <u>nada</u>**.
2. – Por favor, ¿nos trae **algo de / dos** copas?
   – Sí, señora, ahora mismo.
3. – Buenos días, ¿qué desea?
   – ¿Me da usted dos piñas?
   – Lo siento, sólo me queda **otra / una**.
4. – ¿Quiere más sopa?
   – Sí, póngame **un poco / una** más, por favor.

**5. Observa y completa los diálogos con el pronombre adecuado.**

| Pronombres Personales | | |
|---|---|---|
| Sujeto | Complementos sin preposición | |
| yo | me | |
| tú | te | |
| él, ella, usted | directo <br> le, lo, la | indirecto <br> le (se) |
| nosotros, as | nos | |
| vosotros, as | os | |
| ellos, ellas, ustedes | directo <br> les, los, las | indirecto <br> les (se) |

Observaciones: <br>
Con **infinitivo** y **gerundio** pueden ir delante de estas formas o detrás formando una sola palabra. <br>
<u>La</u> voy a ver / Voy a ver<u>la</u>. <br>
<u>Se</u> está lavando / Está lavándo<u>se</u>. <br>
Con el **imperativo** van siempre detrás formando una sola palabra con el verbo. <br>
Cómpra<u>lo</u>.

1. – ¿Me trae la cuenta?
   – Sí, aquí ..la.. tiene.
2. – ¿Vas a comprar naranjas?
   – Sí, voy a comprar ...... ahora mismo.
3. – ¿Tus padres vienen a comer?
   – Sí, mira ......, por ahí vienen.
4. – Chicos, ....... invito a cenar en una pizzería.
   – Somos muchos. ¿........ invitas a todos?
5. – Estos plátanos están verdes, ¿puedo cambiar......?
   – Por supuesto.
6. – ¿Vas a reservar la mesa en el restaurante?
   – Sí, estoy reservando ..... ahora por Internet.

# 11 Comprar en una tienda

| | |
|---|---|
| Comprensión lectora | • Tiendas de ropa.<br>• Venta por correspondencia. |
| Expresión escrita | • Comprar en una tienda.<br>• Comprar por Internet. |
| Léxico | • Prendas de vestir.<br>• Tejidos y materias. |
| Gramática y comunicación | • Manejarse en una tienda.<br>• Presente de Indicativo.<br>• Usos de *SER* y *ESTAR* (III).<br>• Comparativos y superlativos. |

**1. Describe estas ilustraciones y después imagina el diálogo.**

..........................................................................................................................................
..........................................................................................................................................
..........................................................................................................................................
..........................................................................................................................................
..........................................................................................................................................

# Comprensión lectora A
## Tiendas de ropa. Venta por correspondencia

**1. Lee estos anuncios y marca la respuesta correcta.**

**ENRIQUE MODA**
Tallas grandes para hombre y mujer.
Paseo de Gracia, 122
Barcelona

a. En esta tienda:
- ☐ Venden ropa para personas delgadas.
- ☐ Venden ropa para personas gordas.
- ☐ Venden ropa para todo tipo de personas.

**ALMACENES COSTA**
Pequeños almacenes, grandes rebajas.
Sólo hasta el 30 de enero.
Carretera de Rubí a Tarrasa, km 12

b. En estos almacenes:
- ☐ Hay descuentos el día 30 de enero.
- ☐ Los descuentos acaban el 30 de enero.
- ☐ Los descuentos empiezan el 30 de enero.

**EL COLUMPIO**
Juguetes y moda infantil.
Abrimos también domingos y festivos. Plaza de Lugo, 12
(A Coruña)

c. En esta tienda:
- ☐ Venden juguetes y ropa para niños.
- ☐ Abren todos los días menos los festivos.
- ☐ Sólo abren los domingos y días festivos.

**2. Lee este texto y marca si es verdadero (V) o falso (F).**

### SUBE LA VENTA DE ROPA POR INTERNET

Según una encuesta de Pricewaterhouse Coopers, el número de personas que compran ropa a través de la Red subió un 16% durante este año, sobre todo en ropa de mujer. El estudio dice que el 77% de los usuarios de Internet que compran ropa *online* lo hacen en páginas *web* de tiendas muy conocidas, que el 55% pide catálogos desde sitios web y que un 47% busca ideas para vestir. Sólo el 39 % compara los precios entre diferentes páginas. Los principales problemas para los compradores de ropa por Internet son:
- No pueden probarse la ropa, ni notar la calidad del material.
- No saben si pueden devolver los productos.
- Piensan que no hay seguridad con sus datos personales.
- Creen que la ropa online puede ser más cara que en las tiendas por el precio del envío.

Fuente: pwcglobal.com

| | V | F |
|---|---|---|
| a. Se vende más ropa de hombre que de mujer por Internet. | | ✓ |
| b. La mayoría de los usuarios compra en tiendas conocidas. | | |
| c. Todos comparan en diferentes páginas *web* antes de comprar. | | |
| d. No pueden tocar la ropa para saber la calidad del tejido. | | |
| e. No saben si es seguro dar datos personales. | | |
| f. Saben que la ropa es más cara por Internet. | | |

## B Expresión escrita
### Comprar en una tienda. Comprar por Internet

**1. Pon en orden el siguiente diálogo.**

- ☐ – ¡Ah, sí! Estos me encantan. ¿Cuánto cuestan?
- ☐ – ¡Qué bien! ¿Puedo probármelos?
- ☐ – 80 euros. Pero están de rebajas. Ahora cuestan la mitad.
- ☐ – Buenos días. ¿Qué desea? [1]
- ☐ – Creo que la 40.
- ☐ – Estos son de la talla 40. Mire, los probadores están a la izquierda.
- ☐ – Mire tenemos este modelo en varios colores.
- ☐ – Muchas gracias.
- ☐ – No sé, no me gusta mucho. Son demasiado modernos.
- ☐ – Por supuesto, ¿qué talla usa?
- ☐ – Pues busco unos pantalones vaqueros.
- ☐ – Pues tenemos este otro tipo, más clásico.

**2. Compra ropa por Internet. Observa el catálogo y rellena el pedido.**

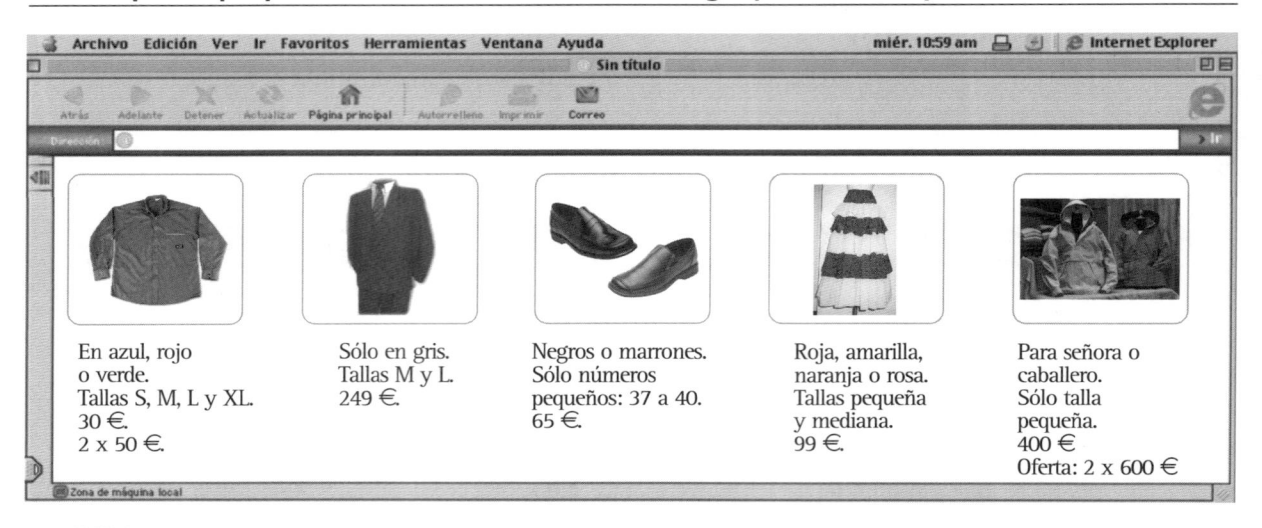

En azul, rojo o verde.
Tallas S, M, L y XL.
30 €.
2 x 50 €.

Sólo en gris.
Tallas M y L.
249 €.

Negros o marrones.
Sólo números pequeños: 37 a 40.
65 €.

Roja, amarilla, naranja o rosa.
Tallas pequeña y mediana.
99 €.

Para señora o caballero.
Sólo talla pequeña.
400 €
Oferta: 2 x 600 €

### LISTA DE ARTÍCULOS

| Artículo | Color | Talla | Precio unidad | Cantidad | Precio total |
|---|---|---|---|---|---|
|  |  |  |  |  |  |
|  |  |  |  |  |  |
|  |  |  |  |  |  |

### DATOS PERSONALES PARA ENVÍO

Nombre: .................... Apellidos: ....................
Correo electrónico: ....................
Domicilio: ....................
Población: .................... País: .................... Código postal: ....................

### COMENTARIOS

....................
....................

**ENVIAR PEDIDO**

# Léxico C

## Prendas de vestir. Tejidos y materias

**1. Relaciona las prendas de vestir con la ilustración y la descripción.**

a. Camiseta ....A.... ....4....
b. Zapatos ............ ............
c. Camisa ............ ............
d. Vestido ............ ............
e. Pantalones ............ ............
f. Falda ............ ............
g. Corbata ............ ............
h. Jersey ............ ............
i. Abrigo ............ ............

1. A cuadros y con un bolsillo. De seda.

2. A rayas grandes y abierto por delante. 100% lana.

3. Con dibujos de flores. De seda.

4. De manga corta y a rayas pequeñas. 100% algodón.

5. Cortos. Tres bolsillos delante y dos detrás.

6. Estrecha y larga. Se abre por el lado derecho. 60% poliéster y 40% algodón.

7. Ancho, para llevar encima del traje. Con bolsillos. De pana.

8. Corto para verano. Abierto en un lado. 100% poliéster.

9. Fabricados en piel. Para señora o caballero.

**67**

sesenta y siete

# D. Gramática y comunicación
## Manejarse en una tienda. Presente de Indicativo

**1. Di en qué situación usarías las siguientes frases.**

a. ¿Qué numero usa?
   Tú estás en...
   ☐ un teatro.
   ☑ una zapatería.
   ☐ una cabina de teléfonos.

b. ¿En efectivo?
   Te preguntan si...
   ☐ vas a pagar con dinero.
   ☐ vas a pagar con tarjeta.
   ☐ quieres cambiar el artículo.

c. ¿Me la puedo probar?
   Tú quieres...
   ☐ pagar un artículo.
   ☐ entrar en una tienda.
   ☐ ir al probador.

d. ¿Le queda bien?
   Te preguntan si...
   ☐ puede esperar.
   ☐ quiere ir al probador.
   ☐ la prenda es de tu talla.

**2. Completa el diálogo con los verbos del recuadro en Presente de Indicativo.**

– ................ (1) comprarme un vestido para Nochevieja.
o Te ............ (2), ............... (3) muy cerca de la tienda.
– Vale, así ............ (4) juntas en el nuevo restaurante.
o ¿Cuál?
– Ese donde ............ (5) mi amiga Elena.
o ¡Huy! Es muy caro. Tú ............(6), ............ (7) a Elena y nos vamos a otro sitio.
– Chica, te ........... (8) yo.
o En ese caso, no hay problema.
– ¡Cómo eres!

> acompañar - entrar - invitar - necesitar - vivir - trabajar - saludar - comer

**3a. Escribe esta tarjeta postal en 1ª persona del singular.**

> Queridos abuelos:
>
> Seguimos en el sur de España. Ahora estamos en Cádiz. ¡Es una maravilla! Pero dormimos poco a causa del calor. Por la mañana nos despertamos pronto, nos vestimos y damos un paseo por la playa: el mejor momento del día. Ya sabemos mucho español y podemos hablar con la gente. No entendemos todo, pero nos defendemos bastante bien. Los andaluces son muy simpáticos, nos reímos mucho con ellos. Pero las vacaciones se acaban y volvemos a casa el domingo.
>
> Un beso,

Sr. García Cuesta
C Mayor, 3
28002 / Madrid

Queridos abuelos:
................
................
................
................
................
................
Un beso,

Sr. García Cuesta
C Mayor, 3
28002 / Madrid

**3b. Clasifica los verbos del ejercicio 3a en el siguiente cuadro.**

| Presentes irregulares | | | |
|---|---|---|---|
| E>IE | O>UE | E>I | TOTALMENTE IRREGULARES |
| | | Seguimos | |

# Gramática y comunicación   D

## Usos de *SER* y *ESTAR* (III). Comparativos y superlativos

### 4. Observa y completa el diálogo con *SER* o *ESTAR*.

- Hola, buenas tardes.
- Buenas tardes.
- He visto en el escaparate un traje que ..es.. de color negro.
- Ah sí. Muy bonito. ....... muy de moda.
- ¿Pero no ........ rebajado?
- No, el que ...... de rebajas ..... este otro modelo.
- ¿De qué ....... ?
- ........ de algodón. ¿Qué le parece?
- Me gusta, pero ........ un modelo antiguo, ¿no?
- ...... de la temporada pasada.
- Bueno voy a probarme el primero. ¿Dónde ...... el probador, por favor?
- Allí, a la derecha.
- Gracias.

| SER / ESTAR + ropa |
|---|
| **SER**: para describir las características. |
| SER + color |
| *Este jersey es rojo y amarillo.* |
| SER DE COLOR + color |
| *Este jersey es de color rojo.* |
| SER DE + material |
| *Este jersey es de lana.* |
| **ESTAR**: para describir resultados de un proceso. |
| ESTAR de moda |
| *Esta camisa ya no está de moda.* |
| ESTAR de rebajas |
| *Esta cazadora está de rebajas.* |
| ESTAR + adjetivo |
| *Está roto / viejo / sucio...* |

### 5a. Observa.

| COMPARATIVOS REGULARES |
|---|
| + MÁS ... QUE |
| *La falda es más cara que el jersey.* |
| – MENOS ... QUE |
| *La bufanda es menos elegante que la corbata.* |
| TAN ... COMO |
| = IGUAL DE ... QUE (coloquial) |
| *Este zapato es tan grande como ese.* |
| *Este zapato es igual de grande que ese.* |
| COMPARATIVOS IRREGULARES |
| más bueno que = MEJOR QUE |
| *Esta camisa es mejor que aquella.* |
| más malo que = PEOR QUE |
| *El algodón es peor que la lana.* |

| SUPERLATIVO |
|---|
| Adjetivo + la terminación –*ÍSIMO/A* |
| *Esta corbata es <u>cara</u>.* |
| *Esta corbata es <u>carísima</u>.* |
| Significa lo mismo que MUY + adjetivo |
| *Esta corbata es <u>carísima</u> =* |
| *Esta corbata es <u>muy cara</u>.* |

### 5b. Elige la respuesta correcta.

- ¿Te gusta este vestido de seda? Es / igual / mejor / <u>muy</u> bonito.
- Sí, pero no es / tan / muy / menos / elegante como un traje.
- Es verdad, pero los trajes son / peor / más / menos / caros.
- Pues allí tienes un traje / tan / más / igual de / barato que este vestido.
- ¿A ver? ¡Ah, es de poliéster! El poliéster es / mejor / peor / más / que la seda.
- Pero es / facilísimo / mejor / muy / de lavar.
- No sé. ¿Me pruebo los dos?
- Vale.
- ¿Qué tal?
- El vestido te queda / peor / mejor / más / que el traje. Cómprate el vestido.

# 12 Planear actividades

| | |
|---|---|
| **Comprensión lectora** | • El tiempo libre de los españoles.<br>• Deporte y salud. |
| **Expresión escrita** | • Planear actividades.<br>• Salir con amigos.<br>• Hábitos deportivos. |
| **Léxico** | • Actividades para el tiempo libre.<br>• Deportes. |
| **Gramática y comunicación** | • Pretérito Indefinido.<br>• Proponer.<br>• Preposiciones.<br>• Expresar la causa. |

**1. Describe estas ilustraciones y después imagina el diálogo.**

....................................................................................................................
....................................................................................................................
....................................................................................................................
....................................................................................................................
....................................................................................................................

# Comprensión lectora A
## El tiempo libre de los españoles. Deporte y salud

### 1. Lee este texto y di si es verdadero (V) o falso (F).

**LA TELEVISIÓN, PIERDE**

Dentro de las actividades preferidas para el tiempo libre, a diferencia de años anteriores, la televisión ocupa ahora la cuarta posición. Pierde frente a actividades como escuchar música o leer. Salir con los amigos es otra de las diversiones favoritas de los españoles que, a diferencia de los europeos, les encanta salir de tapas o cenar en restaurantes. Pero también es verdad que entre las costumbres del español medio no está el dedicar el tiempo libre al ocio cultural: gastamos menos en espectáculos y cultura y mucho más en hoteles, cafés y restaurantes.
Por otra parte, aunque el acceso a Internet es cada vez más frecuente en los hogares, su uso como alternativa de ocio no sube respecto a otros años.

*ABC 19/04/02 (texto adaptado)*

☐ 1. Ver la televisión es la actividad preferida.
☐ 2. Prefieren leer o escuchar música antes que ver la televisión.
☐ 3. Salen a cenar fuera más que el resto de los europeos.
☐ 4. Prefieren ver un espectáculo antes que ir a cenar a un restaurante.
☐ 5. Gastan más en hoteles que en acontecimientos culturales.
☐ 6. Navegar por Internet es cada vez más frecuente como actividad de tiempo libre.

### 2. Lee este artículo y marca las respuestas correctas.

**DEPORTE Y SALUD**

**¿Estás con estrés?**
Los deportes para competir liberan tensiones, pero si eres una persona tranquila y prefieres relajarte, las actividades deportivas de origen oriental son una buena opción.

**¿Tienes sobrepeso?**
Llevas tiempo sin cuidarte y tienes unos kilos de más. Un gimnasio es el mejor sitio donde puedes ir. Es más fácil hacer deporte en compañía de gente. Ponte un horario.

**¿Necesitas un cambio de vida?**
Notas que te cansas y te das cuenta de que vas a necesitar tu cuerpo durante toda la vida. Necesitas ejercicio pero no sabes cómo empezar. Te recomendamos cualquier actividad de un centro deportivo.

1. En este artículo:
   ☐ Se recomienda una vida tranquila.
   ☐ Se plantean unos problemas y sus soluciones.
   ☐ Se recomienda descansar.

2. Si estás con estrés...
   ☐ Haz siempre deporte de competición.
   ☐ Haz siempre actividades deportivas orientales.
   ☐ Elige una actividad deportiva según tu carácter.

3. Si tienes sobrepeso...
   ☐ Conserva tus kilos de más.
   ☐ Haz ejercicio físico en un gimnasio.
   ☐ Ponte un horario de comidas.

4. Si necesitas un cambio de vida...
   ☐ Ve a un centro deportivo.
   ☐ Busca a alguien para casarte.
   ☐ Haz un cambio en tu cuerpo.

## B Expresión escrita
### Planear actividades. Salir con amigos. Hábitos deportivos

**1. Completa los diálogos.**

1. Estás con un amigo. Queréis salir esta tarde pero todavía no sabéis dónde ir.

   **Amigo:** ¿Qué hacemos esta tarde?
   **Tú:** ................................................
   **Amigo:** ¿Otra vez al fútbol? ¿Por qué no vamos al cine?
   **Tú:** ................................................
   **Amigo:** ¿Y esa película es buena? Yo creo que no me va a gustar.
   **Tú:** ................................................
   **Amigo:** Bueno, vale, pues llama y compra las entradas por teléfono.
   **Tú:** ................................................

2. Quieres comprar por teléfono unas entradas para el cine.

   **Telefonista:** "Cine Palacio de la Música", ¿dígame?
   **Tú:** ................................................
   **Telefonista:** ¿Para qué día?
   **Tú:** ................................................
   **Telefonista:** ¿Para qué sesión?
   **Tú:** ................................................
   **Telefonista:** Hay 20 filas. ¿En cuál prefiere?
   **Tú:** ................................................
   **Telefonista:** ¿Me dice el número de su tarjeta de crédito, por favor?

**2. Buscas amigos para practicar español. Escribe un anuncio breve. Di cómo eres, a qué te dedicas, cuáles son tus gustos y aficiones y tus datos personales.**

Me llamo ........ Soy un/a chico/a de ........ años. ................................................
................................................................................................
................................................................................................

**3. Rellena esta encuesta.**

ENCUESTA SOBRE HÁBITOS DEPORTIVOS
APELLIDOS: ................................    NOMBRE: ................................
EDAD: ................................    SEXO: ................................
NACIONALIDAD: ................................    PROFESIÓN: ................................
¿Hace deporte?    ☐ Sí  ☐ No  ☐ A veces
En caso negativo, indique los motivos.
   ☐ Por falta de tiempo.
   ☐ Por falta de instalaciones deportivas cerca.
   ☐ Otros: ................................
En caso afirmativo, indique los motivos.
   ☐ Por diversión.    ☐ Por estar con amigos.
   ☐ Por salud.    ☐ Otros: ................................
¿Cuántas veces por semana? ................................
¿En qué época del año practica más deporte? ................................
¿Dónde lo practica? ................................
¿Qué deporte(s) practica? ................................
¿Qué equipamiento deportivo tiene en casa? ................................

## Léxico C
### Actividades para el tiempo libre. Deportes

**1. Relaciona.**

a. Practicar          1. un espectáculo.
b. Asistir a          2. una excursión.
c. Hacer              3. un museo.
d. Visitar            4. un instrumento.
e. Ir a(l)            5. un cine.
f. Tocar              6. un deporte.

**2. Relaciona.**

a. ¿Cuándo empieza         1. a clases de dibujo?
b. ¿Puedo sacar            2. para hacerse socio del club?
c. ¿Cuáles son los horarios 3. la temporada de ópera?
d. ¿Puedo apuntarme        4. se realizan en este centro?
e. ¿Qué actividades        5. unas entradas para hoy?
f. ¿Qué se necesita        6. de apertura del museo?

**3a. Lee el texto y relaciona.**

### LOS ESPAÑOLES Y EL DEPORTE

El fútbol sigue siendo el deporte más practicado por los españoles, seguido de la natación. El ciclismo se coloca en tercer lugar, superando claramente a otros deportes populares como el baloncesto y el tenis. También crece en estos últimos años el número de practicantes de gimnasia y atletismo.
Hay una gran mayoría de españoles que, a pesar de no hacer deporte, ven programas deportivos por televisión con mucha frecuencia. Los deportes más solicitados son el fútbol, el baloncesto y el tenis, pero también algunos menos populares si participan deportistas españoles, como el automovilismo o el golf.
En cuanto a la asistencia a espectáculos deportivos el fútbol es el de mayor afluencia, seguido del baloncesto y el balonmano.

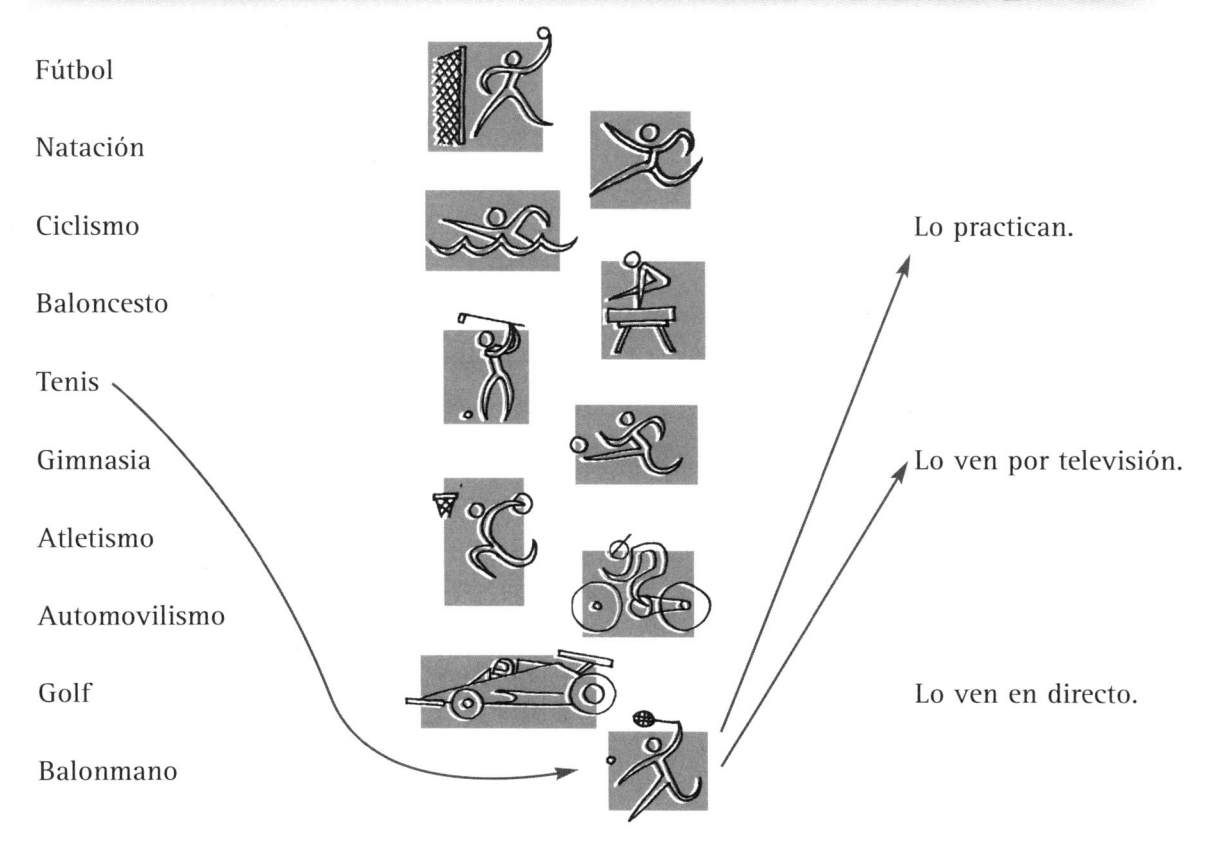

Fútbol
Natación
Ciclismo                            Lo practican.
Baloncesto
Tenis
Gimnasia                            Lo ven por televisión.
Atletismo
Automovilismo
Golf                                Lo ven en directo.
Balonmano

**3b. ¿Qué deportes practicas? ¿Cuáles te gusta ver por televisión? ¿Vas alguna vez a un espectáculo deportivo?**

# D Gramática y comunicación
## Pretérito Indefinido

### 1. Completa las frases como en el ejemplo.

**Normalmente...**

1. No ceno,
2. Quedamos con mis amigos,
3. Sale los sábados por la noche,
4. No reservo entradas para el cine,
5. No visitamos galerías de arte,
6. Asiste a conciertos de música clásica,

**pero ayer...**

1. ......cené...... en casa de mis padres.
2. no .............. con nadie.
3. no ..............
4. las .............. por Internet.
5. .............. una en el centro de la ciudad.
6. .............. a uno de rock.

### 2. Completa el texto con los verbos del recuadro en Pretérito Indefinido.

irse – llegar –
nacer – dar (2) –
tener – morir –
estar – empezar –
ser – hacer

**BIOGRAFÍA DE CARLOS GARDEL**

Carlos Gardel ............ en 1890 en Toulouse (Francia), pero ............ a Buenos Aires a los pocos años. Gardel ............ cantando canciones criollas, aunque el éxito le ............ como creador del tango cantado. ............ en Europa y en Estados Unidos, donde ............ películas que le ............ fama internacional. Las más famosas ............ *Espérame*, *La casa es seria* y, sobre todo, *Melodía del arrabal*. En 1935 ............ su última actuación en el teatro Odeón de Bogotá. Al día siguiente su avión ............ un accidente en el aeropuerto de Medellín y Carlos Gardel ............ .

### 3. Marca la opción correcta.

MADRE: Buenos días, hija. ¡Vaya cara que tienes esta mañana!

HIJA: Es que anoche / me levanté / <u>me acosté</u> / hice / tarde y
ya no me pude / supe / fui / dormir.

MADRE: ¿Qué / saliste / estuviste / hiciste?

HIJA: Salí / di / quise / con unos amigos.
fuimos / tuvimos / pudimos / a cenar y luego a bailar.

MADRE: ¿Y te / vinieron / entraron / trajeron a casa?

HIJA: No, / entré / vine / tomé / en taxi con Marta. Ella vive cerca de aquí.

MADRE: Bueno, pues descansa hoy, que es domingo.

# Gramática y comunicación D
## Proponer. Preposiciones. Expresar la causa

### 4. Di en qué situación usarías las siguientes frases.

1. ¿Te parece bien?
   Te preguntan...
   ☑ tu opinión.
   ☐ si te gusta lo que estás comiendo.
   ☐ a quién se parece alguien.

2. Estupendo, buena idea.
   A ti...
   ☐ te dan un regalo y te gusta.
   ☐ te gusta una propuesta.
   ☐ no te gusta una propuesta.

3. ¿Qué tal si vamos al cine?
   Tú quieres...
   ☐ ir al cine.
   ☐ saber si vais a ir al cine.
   ☐ saber cómo es el cine al que vais.

4. ¡Qué va! No tienes razón.
   Tú...
   ☐ estás de acuerdo con algo.
   ☐ dices que algo no te gusta.
   ☐ no estás de acuerdo con algo.

### 5. Observa y elige la preposición adecuada para cada frase.

1. Vamos a dar un paseo ... el tranvía.
   ☐ a  ☐ de  ☑ en

2. No andes ........ el centro de la calle.
   ☐ a  ☐ en  ☐ por

3. Me gusta llegar puntual ... las citas.
   ☐ de  ☐ por  ☐ a

4. Fuimos .... ver la película Cabaret.
   ☐ en  ☐ a  ☐ de

5. Nos vamos .... tren y volvemos .... avión.
   ☐ a  ☐ en  ☐ de

6. Al salir .... la exposición tomamos un taxi.
   ☐ por  ☐ a  ☐ de

| Verbos de movimiento + preposiciones | | |
|---|---|---|
| Preposiciones | Significado | Ejemplo |
| a | Destino o movimiento | Voy _a_ un restaurante. |
| de | Origen y procedencia | Venimos _de_ la oficina y estamos cansados. |
| en | Medio de transporte | ¿Vamos _en_ mi coche? |
|  | Recorrido | Pasea _por_ el parque todos los días. |
| por | Tránsito | No puedes pasar _por_ esta calle. |

Observación:
_Voy a casa._ (Hay movimiento)
_Estoy en casa / Me quedo en casa._ (No hay movimiento)

### 6. Relaciona para formar frases.

| EXPRESAR LA CAUSA | |
|---|---|
| información + PORQUE + causa (en medio de la frase) | COMO + causa, + información (al principio de la frase) |
| _La película es buena porque es de Almodóvar._ | _Como es de Almodóvar, la película es buena._ |

a. Se cansa al andar
b. No voy con vosotros
c. Como no está de acuerdo
d. Como no me gusta salir
e. Viajamos en tren
f. Como hacía un buen día
g. Cambiamos de canal
h. Como se levantó tarde
i. No te saludé

1. me quedo en casa.
2. fuimos a la piscina.
3. porque no hace deporte.
4. porque no nos gusta el fútbol.
5. porque no me gusta el cine.
6. porque no te vi.
7. no vino a desayunar.
8. no lo hace.
9. porque no tenemos coche.

# 13 Hablar por teléfono

| Comprensión lectora | • La telefonía móvil en América Latina.<br>• Avisos. |
|---|---|
| Expresión escrita | • Concertar citas.<br>• Escribir mensajes SMS.<br>• Escribir cartas. |
| Léxico | • Conversaciones telefónicas.<br>• Hechos habituales. |
| Gramática y comunicación | • Hablar de hechos recientes.<br>• Participio.<br>• Pretérito Perfecto.<br>• Contraste Perfecto e Indefinido.<br>• Expresar la frecuencia. |

**1. Describe estas ilustraciones y después imagina el diálogo.**

..................................................................................................................
..................................................................................................................
..................................................................................................................
..................................................................................................................
..................................................................................................................

# Comprensión lectora A
## La telefonía móvil en América Latina. Avisos

**1. Lee este texto y marca las respuestas correctas.**

### TELECOMUNICACIONES
### Chile, líder en telefonía móvil y conexión a Internet

Medido en porcentajes, Chile tiene más móviles que cualquier otra nación latinoamericana y el 10 por ciento de sus hogares ya está conectado a Internet, superando así a México, Brasil, Argentina y Costa Rica. Un estudio de la Cámara de Comercio de Santiago precisa que el 39% de los 15 millones de chilenos tiene teléfono móvil, y que 563 mil de sus 4 millones de hogares está conectado a la red. Este año, en el país trasandino, la conexión creció un 34%, mientras que el uso del móvil superó hace tiempo a la telefonía fija.

*Clarín. Jueves 10 de julio de 2003 (texto adaptado)*

a. Chile supera a México, Brasil, Argentina y Costa Rica en:
   ☐ Teléfonos móviles.   ☐ Conexión a Internet.   ☐ Las dos cosas.

b. ¿Qué porcentaje de chilenos tiene teléfono móvil?
   ☐ 10%.   ☐ 39%.   ☐ 34%.

c. ¿Cuántos habitantes tiene Chile?
   ☐ 15 millones.   ☐ 4 millones.   ☐ 563 mil.

d. ¿Cuánto ha crecido la conexión a Internet en Chile en el último año?
   ☐ 10%.   ☐ 39%.   ☐ 34%.

**2a. Según este aviso:**

> **CAJERO AVERIADO**
> Nuestro cajero más próximo está en la calle Castelló, 14.
> Rogamos disculpen las molestias.
> Muchas gracias

a. ☐ El cajero ha cambiado de sitio.
b. ☐ El cajero no funciona.
c. ☐ Tiene usted que esperar un poco para usar el cajero.

**2b. Según este aviso:**

> **AVISO**
> Por trabajos de mantenimiento, el ascensor no funciona hoy desde la 9 de la mañana hasta 6 de la tarde.

a. ☐ El ascensor no va a funcionar durante unas horas.
b. ☐ El ascensor va a funcionar a partir de las 9 y hasta las 6.
c. ☐ Van a usar el ascensor para trabajar.

# B Expresión escrita
## Concertar citas. Escribir mensajes SMS. Escribir cartas

1. ¿Qué dices por teléfono en estas situaciones? Completa los diálogos con la información del recuadro.

   a. Dígame.
   ..................................................

   b. ¿Está Rafa?
   ..................................................

   c. ¿Está Mónica, por favor?
   ..................................................

   d. ¿El señor Lafuente, por favor?
   ..................................................

   e. ¿Está Esther?
   ..................................................

   f. ¿Susana?
   ..................................................

   g. ¿Me pone con la señora García?
   ..................................................

   h. ¿Está el director, por favor?
   ..................................................

   *Pregunta por alguien.*

   *Di que vas a llamarle.*

   *Aquí no vive nadie con ese nombre.*

   *Pregunta quién le llama.*

   *Eres tú.*

   *No eres tú. Susana no está.*

   *Hay problemas en la comunicación.*

   *No se puede poner. Discúlpate y toma el recado.*

2. Completa este SMS para citar a un amigo/a.

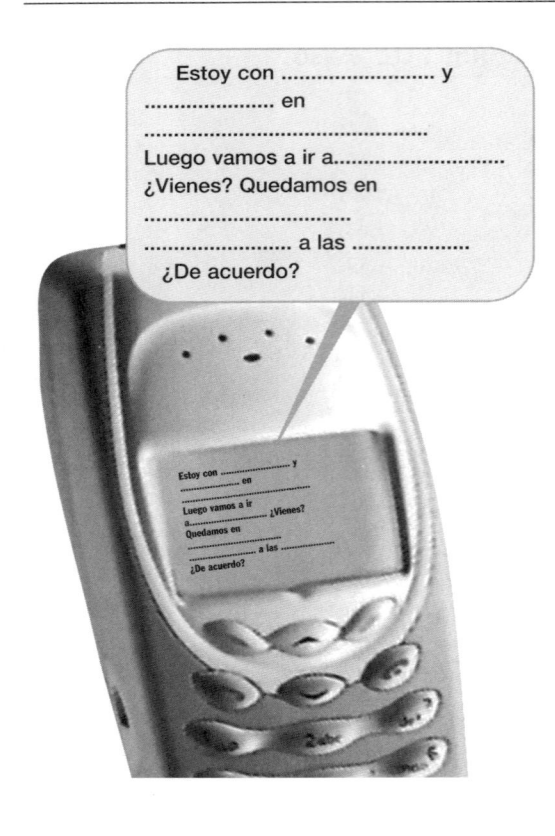

   Estoy con .................... y
   .................... en
   ....................
   Luego vamos a ir a....................
   ¿Vienes? Quedamos en
   ....................
   .................... a las ....................
   ¿De acuerdo?

3. El año pasado hiciste un curso de español en Salamanca y conociste a una chica llamada Ángela. Te invitó a su casa y ahora has decidido ir a visitarla. Escribe una carta donde le cuentas lo que has hecho en este último año y concreta una cita.

   Querida Ángela:

   ¡Hola! ¿Te acuerdas de mí? Soy....................
   Perdona por no escribirte antes, pero ....................
   ..................................................
   ..................................................

   Me hace mucha ilusión ir a visitarte porque ....
   ..................................................
   ..................................................
   ..................................................
   ..................................................
   ..................................................

   Espero tu respuesta. Un abrazo de

   Firma

# Léxico C
## Conversaciones telefónicas. Hechos habituales

### 1. Ordena la conversación telefónica.

- [ ] Vamos a ver... ¿Para el lunes a las 4 de la tarde?
- [ ] Buenas tardes. ¿Puedo pedir una cita, por favor?
- [ ] Muy bien. ¿Me dice su nombre?
- [ ] Sí. ¿Es la primera vez?
- [1] Consulta del doctor De la Fuente, ¿dígame?
- [ ] No, ya he venido más veces.
- [ ] Entonces hasta el lunes.
- [ ] Gracias, adiós.
- [ ] Perfecto.
- [ ] Jesús Rueda.

### 2. Lee el texto y responde a las preguntas.

> Mi madre hace bicicleta estática a las seis. En el momento de empezar, marca quince minutos en el reloj de la bicicleta y empieza a pedalear. Cuando se oye el clic del reloj baja de un salto. Guarda la bicicleta y se dirige al cuarto de baño. Cuando entra son las seis y veinticinco minutos, y a las siete menos cuarto sale del baño con el chándal puesto. Los lunes, miércoles y viernes se pone el chándal verde manzana. Los martes, jueves y sábados se pone el chándal naranja. A las siete en punto pone los platos en la mesa, blancos los lunes, miércoles y viernes, y rosas los demás días.
> A las siete y cinco llega mi padre del trabajo y le da un beso a ella y otro a mí. Los lunes, miércoles y viernes, mi padre tiene reunión a las ocho. Los martes, jueves y sábados se va a las nueve porque tiene un partido de tenis.
>
> M. Dolors Alibés. *Superfantasmas en un supermercado*

a. En este texto un niño cuenta los hechos cotidianos de sus padres. Completa el cuadro con los datos del texto.

| MADRE | | |
|---|---|---|
| Día(s) | Hora | Hecho |
| Todos | 6:00 | Hace bicicleta estática. |
| | | |
| | | |

| PADRE | | |
|---|---|---|
| Día(s) | Hora | Hecho |
| | | |
| | | |
| | | |

b. ¿Qué día de la semana no aparece en el texto? ...........................................................

c. Explica qué haces tú en un día normal y a qué hora.
................................................................................................................................
................................................................................................................................
................................................................................................................................
................................................................................................................................
................................................................................................................................

# D Gramática y comunicación
## Hablar de hechos recientes. Pretérito Perfecto

### 1. Clasifica las acciones siguientes.

1. Mi hija está hablando por teléfono.
2. Hemos visto una película en el cine.
3. Me levanto a las 7 todos los días.
4. Los jueves quedo con mi hija para comer.
5. Ha llamado tu abuelo hace un rato.
6. Suele llegar tarde.
7. Está escribiéndole un mensaje.
8. Ha llegado tarde a la cita.

| Acción habitual | Acción en desarrollo | Acción terminada recientemente |
|---|---|---|
| | Mi hija está hablando por teléfono. | |

### 2. Observa y completa el cuadro.

| PARTICIPIO REGULAR | |
|---|---|
| Verbos en –AR | Verbos en –ER, –IR |
| radical + –ADO | radical + –IDO |
| (hablar – hablado) | (beber – bebido) |
| | (vivir – vivido) |

**ALGUNOS PARTICIPIOS IRREGULARES**

abrir: abierto    poner: puesto
decir: dicho    romper: roto
escribir: escrito    ser: sido
hacer: hecho    ver: visto
morir: muerto    volver: vuelto

**PRETÉRITO PERFECTO**
Presente del verbo HABER + Participio

| entrar | comer | subir | decir | escribir | ver |
|---|---|---|---|---|---|
| | | | | | |
| | has comido | | | | |
| | | | | | |
| | | | | | |
| | | | | | |
| | | | | | |

### 3. Sigue el ejemplo.

EJEMPLO: Cuando viene, se sienta aquí.    *Cuando ha venido, se ha sentado aquí.*

1. En cuanto se lo dices, se lo cuenta a todos.
2. Volvemos a casa pronto y vemos las noticias en la tele.
3. Habla por el móvil hasta que se acaba la batería.
4. Queda con ella a la salida y se van juntos a casa.
5. Se levanta, se ducha y sale de casa sin desayunar.
6. No escribe cartas, envía correos electrónicos.
7. Hago una llamada y me pongo a trabajar.
8. Cancelo mi cita y nos vemos en el gimnasio a las 6.

# Gramática y comunicación  D
## Contraste Perfecto e Indefinido. Expresar la frecuencia

**4. Observa y completa la conversación telefónica con los verbos del recuadro en Pretérito Perfecto o en Pretérito Indefinido.**

| PRETÉRITO PERFECTO | PRETÉRITO INDEFINIDO |
|---|---|
| – Se usa con hoy, esta mañana, esta semana, este mes, últimamente, hace un rato... *Esta mañana me he levantado pronto.* | – Se usa con ayer, el otro día, la semana pasada, el mes pasado, en julio, en 1980, hace dos meses... *El año pasado estuve en Los Andes.* |
| En América Latina y en algunas partes de España se utiliza en los dos casos el Indefinido: *Hoy me levanté pronto.* ||
| – También expresa acciones pasadas sin especificar cuándo se realizaron. *¿Has estado en España?* | – Se usa en las biografías para contar hechos. *Neruda nació en Chile, escribió poemas y recibió el Premio Nobel.* |

( cambiar – decir – estar (2)– hacer – ir – llamar – llegar – salir – terminar – viajar )

RICARDO: ¡Hola, Almudena! ¿Qué tal estás?
ALMUDENA: ¡Hombre! ¡Qué alegría, Ricardo!
RICARDO: Ayer te ..........., ¿te lo dijeron?
ALMUDENA: Sí, mi hermano me lo ............. esta tarde. Es que ............. hoy de vacaciones.
RICARDO: ¿Y qué tal? ¿Dónde .............?
ALMUDENA: Pues hace dos semanas me .......... al pueblo a ver a mi abuela. Y la semana pasada .................. en Tenerife, con Susana.
RICARDO: ¡Vaya vacaciones! ...................... mucho, ¿no?
ALMUDENA: Sí, es que el año pasado no ........... Bueno, ¿y tú qué ............... últimamente?
RICARDO: Pues tengo muchas novedades. El mes pasado ............... de trabajo. Mi contrato en la agencia de viajes ............. en julio y ahora estoy de relaciones públicas en un hotel.
ALMUDENA: ¡Qué bien! Oye, pero ¿por qué no quedamos esta noche y hablamos?
RICARDO: Esta noche no puedo. Pero te llamo mañana, ¿vale?
ALMUDENA: Muy bien. Hasta mañana.

**5. Observa y completa las frases con la opción correcta.**

| (No) | suelo / sueles / suele / solemos / soléis / suelen | + INFINITIVO | + siempre / casi siempre / a menudo / a veces — casi nunca (no + verbo + casi nunca) / nunca (no + verbo + nunca) |
|---|---|---|---|

a. ¿Sueles leer en la cama? No, ...........  
b. Vengo ............. en metro.  
c. ¿Sueles usar el móvil en casa? Sí, ...........  
d. Suelo quedar ............ con Federica para cenar.

1. siempre / a menudo / casi nunca
2. nunca / casi siempre / casi nunca
3. a veces / nunca / casi nunca
4. casi nunca / nunca / a menudo

# 14 Describir un accidente

| | |
|---|---|
| **Comprensión lectora** | • Los accidentes de tráfico.<br>• Anuncios personales. |
| **Expresión escrita** | • Describir un accidente.<br>• Formulario del seguro. |
| **Léxico** | • Conducir.<br>• Averías y reparaciones. |
| **Gramática y comunicación** | • Pretérito Imperfecto.<br>• Describir hechos del pasado.<br>• Contraste Pretérito Imperfecto e Indefinido. |

**1. Describe a los personajes y la situación. Después imagina el diálogo.**

................................................................................................................................
................................................................................................................................
................................................................................................................................
................................................................................................................................
................................................................................................................................

82
ochenta y dos

# Comprensión lectora A
## Los accidentes de tráfico. Anuncios personales

**1. Lee este texto y responde a las preguntas.**

### QUÉ HACER CUANDO SE TIENE UN ACCIDENTE

Si usted ha tenido un accidente de tráfico, puede rellenar un parte amistoso cuando los daños de los vehículos son pequeños, pero si los daños son importantes o hay daños personales lo mejor es llamar a la policía para **levantar un atestado, es decir, hacer un informe del accidente.** Si algún herido tiene que ir a un servicio de urgencias, pida al médico un certificado de las lesiones causadas por el accidente. Si además usted puede conseguir el nombre y los teléfonos de algunos testigos, mucho mejor. **Ellos podrán explicar lo que ha pasado.** Normalmente las compañías pagan la reparación directamente al taller al que usted lleva el coche, **excepto si el vehículo ha quedado en siniestro total y no hay reparación posible.** En este caso la compañía le paga una indemnización según el valor actual de su coche.

**1a. Relaciona.**

- a. Levantar un atestado.
- b. Lesiones.
- c. Testigo.
- d. Siniestro total.
- e. Indemnización.

1. Daños personales.
2. Dinero que se da por un daño personal o material.
3. Daño en el coche que no tiene reparación.
4. Hacer un informe.
5. Persona que ha visto algo.

**1b. En caso de accidente, ¿cuándo es recomendable llamar a la policía?**

**1c. ¿Cómo puede reparar su coche en caso de accidente?**

**2a. Lee este anuncio personal y marca la respuesta correcta.**

- a. ☐ Una chica busca a una persona con coche.
- b. ☐ Una chica busca a alguien con quien pasar los fines de semana.
- c. ☐ Una chica quiere alquilar un coche.

> Busco a alguien para hacer el trayecto de Salamanca-Madrid ida y vuelta, fines de semana. Comparto los gastos de gasolina. Tel. 91 472 34 56 (preguntar por Leticia).

**2b. Según este anuncio, una persona quiere:**

> Vendo moto japonesa casi nueva. Ruedas con menos de mil kilómetros. Buen precio. Tel. 94 324 34 56 (preguntar por Luis).

- a. ☐ Una moto japonesa a buen precio.
- b. ☐ Preguntar por Luis para venderle una moto.
- c. ☐ Vender su moto.

## B Expresión escrita
### Describir un accidente. Formulario del seguro

1. Imagina que eres el conductor del coche o de la moto en este accidente de tráfico. Describe cómo ocurrió y a las personas implicadas.

2. Quieres vender tu coche. Escribe un anuncio para colgarlo en el tablón de un centro de estudios.

3. Rellena el siguiente formulario para solicitar el seguro internacional de automóviles.

**SOLICITUD DEL SEGURO INTERNACIONAL DE AUTOMÓVILES**

APELLIDOS: ....................................
FECHA DE NACIMIENTO: ....................................
NACIONALIDAD: ....................................
DOMICILIO: ....................................
CÓDIGO POSTAL: ....................................

NOMBRE: ....................................
SEXO: ....................................
PROFESIÓN: ....................................
CIUDAD: ....................................
PAÍS: ....................................

Año de expedición del permiso de conducir: ....................................

País de expedición: ....................................

Tiempo de estancia en España: ....................................

¿Cuántos kilómetros piensa recorrer? ....................................

Lugares que piensa recorrer: ....................................

¿Ha usado antes el seguro internacional? ....................................

¿Cuándo y en qué países? ....................................

FECHA Y FIRMA

# Léxico C
## Conducir. Averías y reparaciones

### 1. Relaciona.

a. Arrancar.
b. Adelantar.
c. Frenar.
d. Acelerar.
e. Aparcar.
f. Echar gasolina.

1. Ir más deprisa.
2. Dejar el vehículo en algún sitio.
3. Poner el motor en marcha.
4. Poner combustible.
5. Ir más despacio o pararse.
6. Pasar a otro vehículo.

### 2. Relaciona las imágenes con los consejos.

"Pensar unos segundos" antes de arrancar su automóvil puede "salvarle la vida". Siga estos cuatro consejos.

1. Siente a los niños en asientos especiales.
2. Ajuste correctamente el reposacabezas.
3. El equipaje tiene que estar bien colocado en el maletero.
4. Abróchese el cinturón de seguridad, en los asientos delanteros y en los traseros.

### 3. Completa las frases con las palabras del recuadro.

> maletero – multa – grúa – freno – rueda

1. No llevaba el cinturón de seguridad y me pusieron una ...multa... .
2. No me funciona la luz de ............... .
3. Buenos días, ¿puede abrir el ..............., por favor?
4. Creo que esta ............... tiene poco aire. ¿Puede arreglarla, por favor?
5. Tengo el coche averiado en el km. 14 de la carretera de Toledo. Necesito una ............... .

### 4. Estás conduciendo y hablando por el móvil. Un policía te para. Completa el diálogo.

POLICÍA: Buenas tardes. ¿No sabe que no se puede hablar por el móvil mientras se conduce?
CONDUCTOR: ...............................................................
POLICÍA: Lo siento, pero le tengo que poner una multa. Su permiso de conducir, por favor.
CONDUCTOR: ...............................................................
POLICÍA: La documentación del vehículo.
CONDUCTOR: ...............................................................
POLICÍA: ¿No es suyo el coche?
CONDUCTOR: ...............................................................
POLICÍA: No, no pasa nada. Todo está en regla. Firme la multa, por favor.

# D Gramática y comunicación
## Pretérito Imperfecto. Describir hechos del pasado

**1a. Observa y escribe estas personas en Pretérito Imperfecto de cada verbo.**

| Pretérito Imperfecto regular | |
|---|---|
| –AR | –ER / –IR |
| –aba | –ía |
| –abas | –ías |
| –aba | –ía |
| –ábamos | –íamos |
| –abais | –íais |
| –aban | –ían |

| | YO/ÉL/ELLA/USTED | NOSOTROS/AS |
|---|---|---|
| conducir | conducía | conducíamos |
| pagar | ........................ | ........................ |
| tener | ........................ | ........................ |
| estudiar | ........................ | ........................ |
| venir | ........................ | ........................ |
| hacer | ........................ | ........................ |
| trabajar | ........................ | ........................ |

**1b. Observa y completa con la palabra adecuada.**

### Usos del Pretérito Imperfecto

– Para describir personas, cosas, animales y situaciones en el pasado.
*El peatón era un hombre mayor y caminaba muy despacio.*
– Para expresar hábitos en el pasado.
*De pequeño hacía deporte y jugaba al tenis.*
– Precedido del adverbio *antes* indica un contraste con el momento presente.
*Antes conducía, pero ahora no puedo.*

| Pretérito Imperfecto irregular (Sólo hay 3 verbos irregulares) | | |
|---|---|---|
| ir | ser | ver |
| iba | era | veía |
| ibas | eras | veías |
| iba | era | veía |
| íbamos | éramos | veíamos |
| ibais | erais | veíais |
| iban | eran | veían |

a. –¿Hacía frío en Burgos? –No. ........ en manga corta.
b. A mí nunca me corrige lo que ........ mal.
c. No ........ conducir y tenía muchos accidentes.
d. Siempre que iba por la autopista, ........ en todas las áreas de servicio.
e. Yo pensaba que las carreteras españolas ........ en mal estado, pero son peores en otros países de Europa.

☐ Vamos.   ☑ Íbamos.
☐ Hago.    ☐ Hacía.
☐ Sabe.    ☐ Sabía.
☐ Se para. ☐ Se paraba.
☐ Están.   ☐ Estaban.

**2. Subraya la forma verbal adecuada.**

1. En las ciudades antes no *hubo* / *había* tantos coches.
2. El verano pasado me *compré* / *compraba* un coche nuevo.
3. Antes de un largo viaje, siempre *revisé* / *revisaba* el motor.
4. Una vez *tuve* / *tenía* un accidente de moto, pero no me *pasó* / *pasaba* nada.
5. Ya no escucho música, pero antes *tuve* / *tenía* la radio encendida todo el día.
6. En aquella época no *existió* / *existía* el metro.
7. Mi abuelo *fue* / *era* conductor de tranvías toda su vida.
8. En 1980 *hicimos* / *hacíamos* un viaje por toda Europa en coche.
9. Cuando nos casamos *fuimos* / *éramos* jóvenes y muy guapos.

# Gramática y comunicación D
## Contraste Pretérito Imperfecto e Indefinido

### 3. Observa y forma frases como en el ejemplo.

| Pretérito Indefinido | Pretérito Imperfecto |
|---|---|
| Se refiere a un hecho en el pasado. *Ayer me caí de la moto.* | – Se refiere a una situación o a una circunstancia sobre ese hecho pasado. *Ayer me caí de la moto cuando volvía a casa.*<br>– Se refiere a la causa de ese hecho pasado. *Ayer me caí de la moto porque el suelo estaba mojado.* |

1. Poner una multa. / Estar aparcado en doble fila.
   *Ayer me pusieron una multa porque estaba aparcado en doble fila.*
   *Como estaba aparcado en doble fila, ayer me pusieron una multa.*

2. Llevar el coche al taller. / Tener una rueda pinchada.
   ...........................................................................
   ...........................................................................

3. Llegar tarde a la oficina. / Haber un atasco.
   ...........................................................................
   ...........................................................................

4. Ir en autobús. / Tener el coche estropeado.
   ...........................................................................
   ...........................................................................

### 4. Pon los verbos entre paréntesis en Pretérito Imperfecto o en Pretérito Indefinido.

#### LA TORTUGA GIGANTE

(Haber)........... una vez un hombre que (vivir)........... en Buenos Aires y (estar) ........... muy contento porque (ser) ............ un hombre sano y trabajador. Pero un día (enfermar) ................, y los médicos le (decir) ............. que solamente yéndose al campo (poder) ............. curarse. El hombre enfermo (aceptar) ............., y (irse) ............. a vivir al monte, lejos, más lejos que Misiones todavía. (Hacer) ............ allá mucho calor, y eso le (hacer) .......... bien.
El hombre (tener) ............. otra vez buen color, (estar) ............. fuerte y (tener) ............. apetito. Precisamente un día en que (tener) ............ mucha hambre, porque (hacer) ................ dos días que no (cazar) ............... nada, (ver) ............ a la orilla de una gran laguna un tigre enorme que se (querer) ............ comer una tortuga. Al ver al hombre el tigre (lanzar) ............ un rugido espantoso y (lanzarse) ............... de un salto sobre él. Pero el cazador que (tener) .......... una gran puntería le (apuntar) ............. entre los dos ojos, y le (romper) ............. la cabeza.

– Ahora-(decirse) .............. el hombre- voy a comer tortuga, que es una carne muy rica.

Horacio Quiroga, *Cuentos de la selva*

# 15 Viajar en avión

| | |
|---|---|
| Comprensión lectora | • Derechos del viajero.<br>• Anuncios de vuelos. |
| Expresión escrita | • Viajar en avión.<br>• Cuestionario para el pasajero. |
| Léxico | • Aviones y aeropuertos.<br>• Estados físicos y de ánimo. |
| Gramática y comunicación | • Pedir algo, dar instrucciones, aconsejar.<br>• Imperativo.<br>• Imperativo + pronombres.<br>• Diminutivos. |

1. Describe estas ilustraciones y explica la historia. ¿Qué crees que ha encontrado la mujer en la maleta?

..................................................................................................................
..................................................................................................................
..................................................................................................................
..................................................................................................................
..................................................................................................................

# Comprensión lectora A
## Derechos del viajero. Anuncios de vuelos

**1. Lee este texto y marca la respuesta correcta.**

### LOS DERECHOS DEL VIAJERO

¿Sabía usted que si su compañía aérea cancela su vuelo por causas meteorológicas está obligada a devolverle el precio del billete? ¿Sabía que, en caso de *overbooking*, si usted no puede embarcar en su vuelo, tiene derecho a elegir entre la devolución del dinero, llevarle cuanto antes a su destino o darle otro billete? Además tienen que compensarle con una indemnización inmediata de 150 euros en caso de vuelos de hasta 3.500 kilómetros y de 300 euros en distancias mayores.

*El País, 30/11/03 (texto adaptado)*

a. Según el texto, la compañía le devuelve el dinero del billete:
- ☐ Si el vuelo se retrasa.
- ☐ Si el vuelo se cancela por el mal tiempo.
- ☐ Si usted pierde el avión y no puede embarcar.

b. Cuando se cancela el vuelo por razones de *overbooking*, la compañía:
- ☐ Tiene que devolverle el dinero y además buscarle otro vuelo gratis.
- ☐ Tiene que buscarle otro destino cuanto antes.
- ☐ Tiene que devolverle el dinero o darle otro billete.

c. En caso de *overbooking*, si usted no puede volar:
- ☐ La compañía está obligada a pagarle dinero siempre.
- ☐ La compañía tiene que pagarle una indemnización en vuelos superiores a 3.500 kilómetros.
- ☐ La compañía le paga de manera inmediata 150 euros y posteriormente 300 euros más.

**2. Lee este anuncio y di si es verdadero (V) o falso (F).**

### ¡VUELA AL MEJOR PRECIO!

**¡Hasta un 50% de descuento!**
Compra tus vuelos entre hoy y hasta el día 29 y obtén precios increíbles.

**No te despistes**, que las plazas son limitadas y el tiempo también: puedes conseguir los vuelos de Air Europa con hasta un 50% de rebaja. Sólo los días **27, 28 y 29 de octubre.**

- ☐ Es un anuncio de la compañía Air Europa.
- ☐ Los descuentos son del 50% o más.
- ☐ Hay que comprar el billete antes del día 29 de octubre.
- ☐ Sólo se puede viajar los días 27, 28 y 29 de octubre.
- ☐ También puedes conseguir vuelos gratis con Air Europa.
- ☐ El día 29 los precios son todavía más baratos.

## B. Expresión escrita
### Viajar en avión. Cuestionario para el pasajero

**1. Completa el diálogo.**

EMPLEADO: Buenos días. ¿Tiene el billete y el pasaporte?
VIAJERA: ..................................................................................
EMPLEADO: Sí, con el DNI es suficiente, gracias.
VIAJERA: ..................................................................................
EMPLEADO: ¿Dos maletas? Depende del peso. ¿A ver? Sí, está bien. ¿Quiere pasillo o ventanilla?
VIAJERA: ..................................................................................
EMPLEADO: No hay problema. Esta es su tarjeta de embarque y el resguardo de su maleta.
VIAJERA: ..................................................................................
EMPLEADO: La puerta de embarque está indicada en la tarjeta. Mire aquí.
VIAJERA: ..................................................................................
EMPLEADO: ¡Que tenga buen viaje!

**2. Rellene el cuestionario.**

### CUESTIONARIO PARA EL PASAJERO

**AEROLINEAS ARGENTINAS**

*Estimado cliente: gracias por elegir nuestra compañía aérea. La mejora de nuestro servicio depende de nuestros clientes. Por eso, le agradecemos que nos dedique unos minutos de su tiempo para completar este cuestionario.*

APELLIDO(S): ..................................................    NOMBRE: ..................................
EDAD: ............................................................    SEXO: ......................................
NACIONALIDAD: ..............................................    PROFESIÓN: ............................
DOMICILIO: ....................................................    TELÉFONO: ..............................

Nº DE VUELO: .......... Nº DE ASIENTO: ........ FECHA DEL VUELO: ........................    AEROPUERTO DE SALIDA: ..................
AEROPUERTO DE LLEGADA: ...................... MOTIVO DE SU VIAJE: ....................    ¿CON CUÁNTAS PERSONAS VIAJA? ..........
¿CUÁNTO TIEMPO HA ESTADO (O VA A ESTAR) AUSENTE DE SU DOMICILIO? ................

SU OPINIÓN SOBRE NUESTROS PRODUCTOS Y SERVICIOS:
– LA ATENCIÓN Y LA AMABILIDAD DE NUESTRO PERSONAL DE TIERRA: ....................................
– LA EFICACIA Y LA CORTESÍA DE NUESTRO PERSONAL A BORDO: ........................................
– PUNTUALIDAD DE ESTE VUELO: ..............................
– LA COMODIDAD DE SU ASIENTO: ............................
– EL ESPACIO PARA SU EQUIPAJE DE MANO: ..............
– COMIDA SERVIDA A BORDO: ...................................
– SUGERENCIAS: ........................................................

FECHA Y FIRMA

# Léxico C

## Aviones y aeropuertos. Estados físicos y de ánimo

### 1. Relaciona.

a. Despegar.
b. Aterrizar.
c. Facturar.
d. Cancelar.
e. Embarcar.

1. Registrar el equipaje.
2. Subir a un avión.
3. Salir el avión.
4. Llegar un avión.
5. Anular un vuelo.

(a → 3)

### 2. Marca la opción correcta.

1. Último **aviso/ anuncio** para los pasajeros del vuelo de Iberia 234. Por favor, embarquen urgentemente por la puerta C 25.
2. Salida del vuelo de Aeroméxico 3521 con **procedencia / destino** a Cancún.
3. El vuelo de Iberia número 563 se ha **facturado / cancelado** debido a problemas técnicos.
4. No podemos llevar estas maletas como equipaje de mano, las tenemos que **facturar / embarcar**.
5. Esta zona es para vuelos nacionales. Tiene que ir a la **terminal / vía** B: vuelos internacionales.
6. Les informamos de que el equipaje de mano deben guardarlo en los **asientos / compartimentos** superiores.
7. Por favor, dejen las **alas / salidas** de emergencia despejadas.

### 3. Observa y completa las frases con las palabras adecuadas.

| EXPRESAR ESTADOS FÍSICOS Y DE ÁNIMO ||||||
|---|---|---|---|---|---|
| Frases exclamativas | Estar + adjetivo ||| Tener + sustantivo |||
| ¡Qué cansado/a estoy! ¡Qué harto/a estoy! ¡Qué sueño tengo! ¡Qué calor tengo! | (No) estoy | muy un poco | cansado/a. preocupado/a. harto/a. | (No) tengo | mucho nada de | calor. sueño. miedo. |

1. Tengo .........., me voy a la cama.
   ☐ miedo  ✓ sueño  ☐ hambre

2. Hoy he hecho un vuelo de 15 horas. ¡Qué .......... estoy!
   ☐ cansado  ☐ hambre  ☐ calor

3. No he comido nada en el avión. ¡Qué .......... tengo!
   ☐ harto  ☐ sed  ☐ hambre

4. En el aeropuerto hace calor, pero tiene .......... . Debe de estar enfermo.
   ☐ frío  ☐ sed  ☐ preocupado

5. Estoy .........., llevamos más de 3 horas esperando. Yo me voy.
   ☐ harto  ☐ feliz  ☐ contento

6. Me da miedo volar. ¡Qué .......... estoy!
   ☐ miedo  ☐ nervioso  ☐ enfermo

7. La comida del avión estaba muy salada y ahora tengo mucha .......... .
   ☐ sed  ☐ hambre  ☐ calor

# D Gramática y comunicación
## Pedir algo, dar instrucciones, aconsejar. Imperativo

**1. Di en qué situación usarías las siguientes frases.**

a. Perdone, ¿puedo subir esta maleta al avión?
Tú estás pidiendo...
- ☑ permiso.
- ☐ un consejo.
- ☐ algo prestado.

b. Por favor, ¿me deja su periódico?
Tú estás...
- ☐ pidiendo un consejo.
- ☐ pidiendo algo prestado.
- ☐ haciendo una sugerencia.

c. ¿Me puede traer un vaso de agua?
Tú estás...
- ☐ dando una orden.
- ☐ pidiendo permiso.
- ☐ pidiendo un favor.

d. ¿Por qué no pone su bolso aquí?
La azafata está...
- ☐ dando un consejo.
- ☐ dando una orden.
- ☐ pidiendo un favor.

**2a. Completa los cuadros.**

IMPERATIVO (FORMAS REGULARES)

| ENTRAR | | LEER | | SUBIR | | |
|---|---|---|---|---|---|---|
| afirmativo | negativo | afirmativo | negativo | afirmativo | negativo | |
| entra | no entres | | | | | Tú |
| | | | | | | Usted |
| | | | | | | Vosotros, as |
| | | | | | | Ustedes |

IMPERATIVO (FORMAS IRREGULARES)

| SER | | ESTAR | | PONER | | |
|---|---|---|---|---|---|---|
| sé | no seas | | | | | Tú |
| | | | | | | Usted |
| | | | | | | Vosotros, as |
| | | | | | | Ustedes |

**2b. Escribe lo contrario.**

a. Ponga la maleta aquí. — *No ponga la maleta aquí.*
b. Deja de hablar por el móvil.
c. Facture su equipaje en este mostrador.
d. Mirad la pantalla de información.
e. Pide la tarjeta de embarque.
f. Enseñen el pasaporte.

**2c. Te vas de viaje durante una semana. Escribe una nota dando instrucciones. Utiliza el Imperativo afirmativo o negativo de los verbos del cuadro.**

............... las plantas el miércoles.
..................... nunca al móvil por las mañanas.
..................... de sacar la basura todos los días.
............... las entradas del teatro para el sábado.
No ..................... a Luisito ver la televisión demasiadas horas.

*acordarse – regar – dejar – llamar – comprar*

# Gramática y comunicación  D
## Imperativo + pronombres. Diminutivos

### 3. Observa y marca la respuesta adecuada para cada minidiálogo.

| IMPERATIVO + PRONOMBRES | |
|---|---|
| Imperativo + | – Pronombres reflexivos (me, te, se, nos, os, se) *Tranquilízate*. |
| | – Pronombres de Complemento (lo, la, los, las) *Ábrela*. |
| | – P. reflexivos + P. Complemento *Póntelo*. |

Desaparece la -d final de la 2ª persona del plural cuando sigue el pronombre **os**.
*sentad + os = sentaos*

En el Imperativo negativo los pronombres siempre van delante.
*hazlo > no lo hagas*

1. • Te llaman por teléfono. ¿Te lo paso?
   ○ Sí, ................., por favor.
   ☐ pasas
   ✓ pásamelo
   ☐ páseselo

2. • ¿Has facturado? ¿Tienes ya las tarjetas de embarque?
   ○ Sí, ya lo tengo todo, no..................
   ☐ te preocupéis.
   ☐ preocúpate.
   ☐ te preocupes.

3. • Nosotros nos quedamos aquí.
   ○ ¿Por qué os habéis sentado en esos asientos? ................, porque no son los vuestros.
   ☐ levantaos
   ☐ levantados
   ☐ levantaros

4. • ¿Tiene frío, señora? ¿Le traigo una manta?
   ○ Sí, gracias, ....................
   ☐ tráigale.
   ☐ tráigamela.
   ☐ tráigasela.

### 4. Observa y forma frases como en el ejemplo.

Los **diminutivos** dan a las palabras un valor afectivo (positivo o negativo).
*¡Cómo pesa esta maletita!*
Se forman añadiendo:

- –ito / –ita
  - *árbol > arbolito*
  - *malet(a) > maletita*
  - *bols(o) > bolsito*
- – cito / –cita
  - *coche > cochecito*
  - *avión > avioncito*
- – ecito / –ecita
  - *flor > florecita* (palabra de una sílaba)

A veces el diminutivo acabado en –illo / –illa cambia el significado de la palabra.
*ventana > ventanilla* (de un vehículo)
*mesa > mesilla* (de noche)

1. ¡Cómo pesa esta bolsa!
   *¡Cómo pesa esta bolsita!*

2. ¡Qué guapo es este niñito!
   *¡Qué guapo es este niño!*

3. Voy a leer este libro en el avión.
   ..................................................

4. Rellene el formulario en esa mesa.
   ..................................................

5. Me gusta ese pantalón para mi hijo.
   ..................................................

6. Enseñe el pasaporte en aquella ventana.
   ..................................................

7. Por favor, espere en aquella sala.
   ..................................................

8. ¿Puedo sentarme en este sillón?
   ..................................................

9. ¿Tiene frío? ¿Quiere usted una manta?
   ..................................................

# 16 Hablar del futuro

| Comprensión lectora | • El hombre del siglo XXI.<br>• La casa del futuro. |
|---|---|
| Expresión escrita | • Escribir notas.<br>• Cuestionario sobre el uso de Internet. |
| Léxico | • Electrodomésticos.<br>• Aparatos de imagen y sonido. |
| Gramática y comunicación | • Futuro.<br>• La oración condicional.<br>• Impersonalidad. |

1. Describe estas ilustraciones. ¿Qué aparatos aparecen? ¿Conoces otros aparatos de imagen y sonido? Explica la escena.

..................................................................................................
..................................................................................................
..................................................................................................
..................................................................................................
..................................................................................................

94
noventa y cuatro

# Comprensión lectora A
## El hombre del siglo XXI. La casa del futuro

**1. Lee este texto y di si es verdadero (V) o falso (F).**

*FUTURO*

### El hombre del siglo XXI

En este siglo XXI hay signos de esperanzas. El hombre vivirá mejor, tardaremos más en morir, el espacio será una inmensa autopista dentro de cincuenta o cien años y acabaremos comprendiendo el universo. Además, algunos investigadores hablan ya del nacimiento de una nueva especie de hombre: el "Homo sapiens cosmicus". Serán los futuros habitantes de las bases espaciales. Su cuerpo tendrá que adaptarse a las características de la vida extraterrestre.

*El Mundo* (texto adaptado)

Según el texto:

- [✓] El hombre del futuro vivirá más años.
- [ ] En menos de 100 años habrá muchas naves espaciales.
- [ ] El universo ya no tendrá misterios para el hombre.
- [ ] Algunos investigadores creen que vendrá del universo una nueva especie de hombre.
- [ ] Habrá bases espaciales habitadas por extraterrestres.

**2. Lee este texto y marca las respuestas correctas.**

*FUTURO*

### La casa del futuro se refrigerará por sí sola

La casa del futuro no estará construida con materiales extravagantes, no necesitará grandes avances tecnológicos, ni tampoco costará mucho dinero. En lugar de instalar costosos aparatos de aire acondicionado, se construirán chimeneas de ventilación para dejar correr el aire. Para evitar grandes gastos de calefacción, se aislará la fachada con una segunda piel. Se reciclará el agua de la lluvia para regar los árboles del patio. Además, el sol llegará a todos los pisos porque la primera planta se construirá más alta. Con estos principios se pretende construir en Madrid viviendas sociales en una ciudad ecológica.

*El País* (texto adaptado)

a. Según el texto, la casa del futuro:
- [✓] Valdrá poco dinero.
- [ ] Usará materiales extraordinarios.
- [ ] Tendrá mucha tecnología.

b. El aire acondicionado se hará:
- [ ] Con aparatos nuevos.
- [ ] Con agua reciclada.
- [ ] Con chimeneas.

c. Estas viviendas sociales tendrán:
- [ ] Más luz.
- [ ] Árboles en las terrazas.
- [ ] Calefacción central.

d. Para conseguir más calor:
- [ ] Se pondrá una capa aislante.
- [ ] Se instalará calefacción en la calle.
- [ ] La calefacción tendrá grandes gastos.

# B Expresión escrita
## Escribir notas. Cuestionario sobre el uso de Internet

**1.** Deja una nota para tu compañero de oficina. Dile que mañana llegarás más tarde y explícale lo que harás. Elige frases del recuadro, y escribe los verbos en Futuro.

> contestar a los correos electrónicos
> ir a comprar los periódicos
> terminar el artículo
> llamar a la oficina de Buenos Aires
> pasar por el banco
> reservar el hotel de La Coruña

Jorge:
Mañana llegaré un poco más tarde porque ....
................................................................
Pero no te preocupes, porque al llegar ..........
................................................................
.............................. y luego ....................

**2.** Imagina que eres usuario de Internet. Rellena el siguiente cuestionario.

### CUESTIONARIO SOBRE EL USO DE INTERNET

¿Desde cuándo es usted usuario de Internet? ....................

¿A través de qué equipo(s) se conecta usted a Internet? Marque una o varias respuestas según el caso.
- ☐ Ordenador personal.
- ☐ Teléfono móvil.
- ☐ Aparato de televisión.
- ☐ Agenda electrónica.
- ☐ Teléfono fijo con pantalla.
- ☐ Otro equipo: ....................

Marque desde qué lugares se conecta usted y con qué frecuencia.
- ☐ Casa ....................
- ☐ Universidad / Centro de Estudios ....................
- ☐ Trabajo ....................
- ☐ Lugares públicos (cibercafé, biblioteca, etc.) ....................

¿Qué días suele conectarse a Internet con mayor frecuencia? ....................

¿Por qué? ....................

¿Ha disminuido el tiempo que dedica a alguna de estas actividades por utilizar Internet?
- ☐ Estar sin hacer nada.
- ☐ Ir al cine.
- ☐ Dormir.
- ☐ Leer / Estudiar.
- ☐ Pasear / Salir con los amigos.
- ☐ Trabajar.
- ☐ Ver la tele.
- ☐ Practicar algún deporte.
- ☐ Oír la radio.
- ☐ Otras: ....................

¿Ha comprado alguna vez productos o servicios por Internet? .......... En caso afirmativo, diga cuáles:
....................

¿Cuál cree que es su nivel de conocimientos de informática? ....................

Observaciones: ....................

# Léxico C

## Electrodomésticos. Aparatos de imagen y sonido

### 1. Lee el texto y completa el cuadro.

#### ELECTRODOMÉSTICOS INTELIGENTES

La casa ideal, en la que no es necesario limpiar, poner lavadoras, la televisión, el DVD, la cadena de música o el ordenador, es ya una realidad gracias a las nuevas tecnologías. Los electrodomésticos inteligentes, conectados a una red, podrán programarse, controlarse por teléfono y permitirán entrar en Internet.

La informática y las nuevas tecnologías están incluso en la cocina de las casas. Los nuevos electrodomésticos formarán parte del mobiliario de cocina en un futuro cercano. Conocidos como electrodomésticos domóticos, frigoríficos, lavavajillas, microondas y aspiradoras estarán interconectados a través de una red que se podrá programar y controlar incluso por teléfono.

Un cerebro electrónico se encargará de controlar todos estos elementos de la red, y esto permitirá dar una orden por teléfono para poner en funcionamiento, por ejemplo, el horno eléctrico a una hora determinada.
De esta forma, al volver a nuestro hogar lo encontraremos perfecto... y la cena lista.

| ELECTRODOMÉSTICOS | APARATOS DE IMAGEN Y SONIDO |
|---|---|
| la lavadora | la televisión |

### 2. Observa estas ilustraciones y escribe debajo de cada una el nombre del aparato.

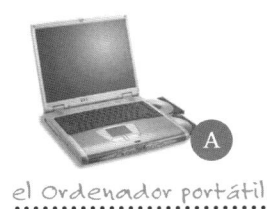

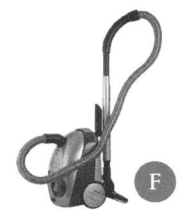

A. el ordenador portátil
B. ..................
C. ..................
D. ..................
E. ..................
F. ..................
G. ..................
H. ..................
I. ..................
J. ..................

# D Gramática y comunicación
## Futuro

**1a. Observa y completa el cuadro.**

| FUTURO VERBOS REGULARES | | |
|---|---|---|
| | | –é |
| | | –ás |
| INFINITIVO | + | –á |
| | | –emos |
| | | –éis |
| | | –án |

| | Cantar | Beber | Escribir |
|---|---|---|---|
| Yo | | | |
| Tú | | | |
| Él, ella, usted | | | |
| Nosotros, as | | | |
| Vosotros, as | | | |
| Ellos, ellas, ustedes | | | |

**1b. Observa y completa el cuadro.**

| FUTURO VERBOS IRREGULARES | | |
|---|---|---|
| HABER | habr– | –é |
| PODER | podr– | |
| PONER | pondr– | –ás |
| SABER | sabr– | –á |
| SALIR | saldr– | |
| TENER | tendr– | –emos |
| VENIR | vendr– | |
| QUERER | querr– | –éis |
| DECIR | dir– | |
| HACER | har– | –án |

| | Poder | Venir | Hacer | Poner |
|---|---|---|---|---|
| Yo | | | | |
| Tú | | | | |
| Él, ella, usted | | | | |
| Nosotros, as | | | | |
| Vosotros, as | | | | |
| Ellos, ellas, ustedes | | | | |

**1c. Escribe en Futuro las formas verbales siguientes.**

a. Llegáis. ......Llegaréis......
b. Esperamos. ..................
c. Tenemos. ..................
d. Llamas. ..................
e. Das. ..................
f. Vas. ..................
g. Escribís. ..................
h. Decís. ..................
i. Vienes. ..................
j. Quieren. ..................

**1d. Completa el texto con estos verbos en Futuro.**

( alcanzar – estudiar – llegar – aumentar – ser – editar – ocupar )

### EL ESPAÑOL EN LA RED

Además de ser utilizada por más de 500 millones de personas, el español del siglo XXI ...es.... la cuarta lengua más hablada del mundo, tras el chino, el inglés y el hindi. Pero la presencia del español en Internet ............ el segundo lugar. Aunque las diferencias con el inglés son todavía muy grandes, la presencia del español en la Red ............ cinco veces. La cantidad de medios de comunicación hispanohablantes en Internet ............ puestos importantes: se ............ diarios activos en Internet no sólo en América Latina o España, sino también en otras partes del mundo, se ............ español a través de Internet y esta lengua ............ a todos los rincones del planeta.

# Gramática y comunicación D
## La oración condicional. Impersonalidad

**2a. Observa y transforma las frases como en el ejemplo.**

| CONDICIÓN | CONSECUENCIA |
|---|---|
| SI + Presente | Futuro |
| *Si no llevas paraguas, te mojarás.* | |

a. Tener tiempo (yo) / ir de compras (yo). ..... *Si tengo tiempo, iré de compras.*
b. Llamarme (ella) / contarle lo ocurrido (yo). .....
c. No salir ahora (vosotros) / perder el tren (vosotros). .....
d. Poder (nosotros) / pasar a buscarte (nosotros). .....
e. Venir (él) / no recibirle (yo). .....
f. Invitarme (tú) / aceptar encantada (yo). .....

**2b. Elige un tema y haz una breve redacción utilizando verbos en Futuro. ¿Qué harás si...?**

a. Te toca la lotería.
b. Roban en tu casa.
c. Pierdes todo tu dinero en la bolsa.
d. En tu trabajo te destinan al extranjero.

..........................................................................
..........................................................................
..........................................................................

**3. Observa y rellena el cuadro.**

| IMPERSONALIDAD | | |
|---|---|---|
| SE + 3ª persona singular | Para referirse a las personas en general. | *Aquí se vive mejor.* |
| 3ª persona plural | Para referirse a las personas en general, sin incluir a los hablantes. | *En esta revista hablan del trabajo.* |

*En este artículo hablan de la salud: dicen que hay que vivir sano, comer sano y hacer mucho deporte.*

*Sí, pero la realidad es que se vive en ciudades, se come mal y se ve mucho la tele.*

| SE + 3ª persona singular | 3ª persona plural |
|---|---|
| | *hablan de la salud* |

# Apéndice gramatical

## Los posesivos

| | | Posesivos átonos | | | | | |
|---|---|---|---|---|---|---|---|
| | | Un poseedor | | | Varios poseedores | | |
| Masculino | Singular | mi | tu | su | nuestro | vuestro | su |
| | Plural | mis | tus | sus | nuestros | vuestros | sus |
| Femenino | Singular | mi | tu | su | nuestra | vuestra | su |
| | Plural | mis | tus | sus | nuestras | vuestras | sus |

| | | Posesivos tónicos | | | | | |
|---|---|---|---|---|---|---|---|
| | | Un poseedor | | | Varios poseedores | | |
| Masculino | Singular | mío | tuyo | suyo | nuestro | vuestro | suyo |
| | Plural | míos | tuyos | suyos | nuestros | vuestros | suyos |
| Femenino | Singular | mía | tuya | suya | nuestra | vuestra | suya |
| | Plural | mías | tuyas | suyas | nuestras | vuestras | suyas |

### Observaciones

Posesivos átonos:
- Van delante del sustantivo: *Vamos en mi coche.*

Posesivos tónicos:
- Detrás del sustantivo: *Esta es Sonia, una amiga mía.*
- Detrás del verbo: *¿Y este coche? ¿Es tuyo?*
- Detrás del artículo determinado: *Este no es mi coche, el mío es azul.*

## Los cuantificadores

| Para indicar... | |
|---|---|
| Una cantidad precisa (con sustantivos contables) | Una cantidad imprecisa (con sustantivos no contables) |
| *Una* ensalada, ¡por favor! *Necesito dos tenedores. Otra* botella de agua. | *Un poco de* agua, por favor. *¿Más* pan? *¿Hay algo de* fruta? Quiero *mucho / poco / bastante* arroz. |

| | Cosas | Personas |
|---|---|---|
| Identidad indeterminada | algo | alguien |
| Inexistencia | nada | nadie |

¿Quieres *algo*?
No, gracias, *no* quiero *nada*.

¿Viene *alguien*?
No, *no* viene *nadie*.

## Los pronombres personales

| Sujeto | Reflexivos | Complemento con preposición | Complementos sin preposición | |
|---|---|---|---|---|
| yo | me | mí | me | |
| tú | te | ti | te | |
| él, ella, usted | se | él, ella, usted | directo<br>le, lo, la | indirecto<br>le (se) |
| nosotros, as | nos | nosotros, as | nos | |
| vosotros, as | os | vosotros, as | os | |
| ellos, ellas, ustedes | se | ellos, ellas, ustedes | directo<br>les, los, las | indirecto<br>les (se) |

# Apéndice gramatical

## Observaciones

- El uso de los pronombres sujeto no es obligatorio en español. Se usan cuando queremos distinguir entre sujetos:
  ¿A qué os dedicáis?    –*Yo soy médico.*    – *Y yo soy estudiante.*

- En algunos países de América Latina se usa **vos** en lugar de **tú**. Y **ustedes** en lugar de **vosotros**.

- Con la preposición **con** los pronombres complementos de las dos primeras personas son: **conmigo, contigo.**

- Con las preposiciones **entre, según, excepto, menos, salvo** se usan **yo** y **tú** en lugar de **mí** y **ti**.

- Los pronombres personales de objeto directo e indirecto y los reflexivos van delante del verbo conjugado:
  *¿Cómo se llama?    No lo sé.*

- Con **infinitivo y gerundio** pueden ir delante de estas formas formando una sola palabra.
  *La voy a ver / Voy a verla.*
  *Se está lavando / Está lavándose.*

- Con el **Imperativo**:

a) Van siempre detrás formando una sola palabra con el verbo: *Cómpralo.*

b) Si hay dos pronombres, primero va el reflexivo y después los de complemento: *Póntelo.*

c) Desaparece la -d final de la 2ª persona de plural cuando sigue el pronombre os: *Sentad + os = sentaos.*

d) En el Imperativo negativo los pronombres siempre van delante: *Hazlo > No lo hagas.*

## El adverbio

| Adverbios de cantidad | Expresión de cantidad | Posición | Ejemplo |
| --- | --- | --- | --- |
| nada | Cantidad nula | no + verbo + nada | *Este libro no me gusta nada.* |
| poco | Cantidad insuficiente | verbo + poco<br>poco + adjetivo<br>un poco + adverbio | *Come poco.*<br>*Es poco inteligente.*<br>*Vive un poco lejos.* |
| bastante | Cantidad considerable | verbo + bastante<br>bastante + adjetivo<br>bastante + adverbio | *Habla bastante en clase.*<br>*Son bastante viejos.*<br>*Está bastante bien.* |
| muy | Gran cantidad | muy + adjetivo<br>muy + adverbio | *Es muy listo.*<br>*Va muy deprisa.* |
| mucho | | verbo + mucho | *Te quiero mucho.* |
| demasiado | Cantidad excesiva | verbo + demasiado<br>demasiado + adjetivo<br>demasiado + adverbio | *Fuma demasiado.*<br>*Es demasiado joven.*<br>*Te veo demasiado mal.* |

| Adverbios afirmación y negación ||
| --- | --- |
| Expresan acuerdo: TAMBIÉN / TAMPOCO | Expresan desacuerdo: SÍ / NO |
| – *Voy a ir a Bilbao.*<br>– *Yo también.*<br>– *No me gusta viajar.*<br>– *A mí tampoco.* | – *A mí no me gusta salir.*<br>– *A mí sí.*<br>– *Prefiero una ciudad.*<br>– *Yo no.* |

# Apéndice gramatical

## Las preposiciones

| Preposición | Significado | Ejemplo |
|---|---|---|
| a | – Destino. | *Voy a tu despacho ahora mismo.* |
|   | – Hora. | *Entro a las 7 y salgo a las 3.* |
| con | – Compañía. | *Vive con unos amigos.* |
| de | – Origen. | *Es de Honduras.* |
|   | – Origen en el espacio. | *Viene de París.* |
|   | – Principio temporal. | *Trabajo de 8 a 3.* |
| en | – Posición en un lugar. | *Está en la nevera.* |
|   | – Medio de transporte. | *Me gusta ir en avión, pero no en barco.* |
|   | – Fecha. | *Nací en 1964, en julio.* |
| para | – Dirección. | *Este tren no va para Madrid.* |
|   | – Objetivo, finalidad. | *Vengo para estudiar contigo.* |
| por | – Recorrido. | *Pasea por el parque todos los días.* |
|   | – Medio. | *Te mando el plano por correo electrónico.* |
|   | – Causa. | *Murió por amor.* |

### Observaciones

– Voy a *casa* (hay movimiento).
– Estoy en *casa* / Me quedo en *casa* (no hay movimiento).

## Los comparativos

| Comparativos Regulares |
|---|
| MÁS ... QUE ➕ |
| *La falda es más cara que el jersey.* |
| MENOS ... QUE ➖ |
| *La bufanda es menos elegante que la corbata.* |
| TAN ... COMO ⚌ |
| TANTO COMO |
| IGUAL DE... QUE (coloquial) |
| *Este zapato es tan grande como ese.* |
| *Este me gusta tanto como ese.* |
| *Este zapato es igual de grande que ese.* |

| Comparativos Irregulares |
|---|
| más bueno que = MEJOR QUE |
| *Esta camisa es mejor que aquella.* |
| más malo que = PEOR QUE |
| *El algodón es peor que la lana.* |

## El superlativo

Adjetivo + la terminación –ÍSIMO/A
*Esta corbata es cara. > Esta corbata es carísima.*

Significa lo mismo que MUY + adjetivo
*Esta corbata es carísima = Esta corbata es muy cara.*

# Apéndice gramatical

## Los diminutivos

Los **diminutivos** dan a las palabras un valor afectivo (positivo o negativo).
*¡Cómo pesa esta **maletita**!*

Formación de los diminutivos:
- Las palabras terminadas en *-a* y *-o* pierden la vocal y añaden *-ito* / *-ita*.
  *maleta > maletita*
- Las palabras terminadas en consonante (excepto n y r) añaden *-ito* / *-ita*.
  *árbol > arbolito*
- Las palabras terminadas en *-e*, *-n* y *-r* añaden *-cito* / *-cita*.
  *coche > cochecito*
- Las palabras de una sílaba añaden *-ecito* / *-ecita*.
  *flor > florecita*

A veces el diminutivo acabado en *-illo* / *-illa* cambia el significado de la palabra.
*ventana > ventanilla* (de un vehículo)
*mesa > mesilla* (de noche)

## Usos generales de *ser* y *estar*

Usos de SER:
- Descripción del físico y del carácter de las personas.
  *Es delgada y con el pelo largo.*
  *Es divertido y generoso.*
- Posesión.
  *¿Es tu ordenador? No, es de Sonia.*
- Localización en el tiempo.
  *La reunión es el jueves.*
- Valoración de objetos y situaciones.
  *Es un buen libro.*
  *La fiesta es muy divertida.*

Usos de ESTAR:
- Estados físicos o anímicos de una persona.
  *Estoy muy contento.*
- Localización en el espacio.
  *En Bilbao está el museo Guggenheim.*
- Estados o circunstancias de objetos y lugares.
  *Esa silla está rota.*
  *El restaurante está cerrado.*

## *Ser* y *estar* + comidas

SER: describir las características.
  - Origen: *Este churrasco es argentino.*
  - Composición: *Este plato es de verduras.*
  - Valoración: *El pisto es muy sano / graso.*

ESTAR: hablar de estados o valorar las preparaciones.
  - Estados: *Está muy caliente / frío.*
  - Resultados de un proceso: *Está salado / soso.*
  - Valoración de alimentos consumidos:
    *La merluza está muy buena.*

## *Ser* y *estar* + ropa

SER: para describir las características.
  - SER + color: *Este jersey es rojo y amarillo.*
  - SER DE COLOR + color: *Este jersey es de color rojo.*
  - SER DE + material: *Este jersey es de lana.*

ESTAR: para describir resultados de un proceso.
  - ESTAR de moda: *Esta camisa ya no está de moda.*
  - ESTAR de rebajas: *Esta cazadora está de rebajas.*
  - ESTAR + adjetivo: *Está roto / viejo / sucio...*

# Apéndice gramatical

## Las perífrasis verbales

| Perífrasis | Significado | Ejemplo |
|---|---|---|
| *Estar* + GERUNDIO | Expresa acción en desarrollo. | *Ahora estoy comiendo.* |
| *Ir a* + INFINITIVO | Expresa planes y futuro. | *Voy a salir de viaje.* <br> *Hay nubes negras, va a llover.* |
| *Tener que* + INFINITIVO | Expresa obligación o necesidad personal. | *El semáforo está en rojo, tengo que parar.* <br> *Vamos a salir, tenemos que comprar.* |
| *Querer* + INFINITIVO | Expresa voluntad y proyectos. <br> Sirve para hacer propuestas. | *Mañana queremos ir de excursión.* <br> *¿Quieres salir el fin de semana?* |

## Opinar

| Preguntar la opinión | Expresar la opinión | Expresar acuerdo | Expresar desacuerdo |
|---|---|---|---|
| ¿Qué opinas / piensas / crees? <br> ¿(A ti) qué te parece? <br> ¿Cuál es tu opinión sobre... ? | Creo / opino / pienso que... <br> (A mí) me parece que... <br> Para mí... / <br> En mi opinión... | (Estoy) de acuerdo con que... <br> Por supuesto, es verdad que... <br> Tienes razón en que... | No estoy de acuerdo con que... <br> No tienes razón en que... <br> ¡Qué va! Yo no lo veo así. |

## Expresar gustos y preferencias

| Expresar gustos | | Expresar preferencias | |
|---|---|---|---|
| Preguntar | Responder | Preguntar | Responder |
| ¿(No) te gusta... ? <br> ¿No te encanta... ? <br> ¿Qué tal el / la... ? | (No) me gusta... <br> Me encanta... | ¿Prefieres... ? <br> ¿Qué / Cuál prefieres? <br> ¿Qué te gusta más? | Prefiero... <br> Me gusta más... |

## Expresar deseos e interés

| Expresar deseos | | Expresar interés | |
|---|---|---|---|
| Preguntar | Responder | Preguntar | Responder |
| ¿(No) quieres... ? <br> ¿(No) tienes ganas de... ? | (No) quiero... <br> (No) tengo ganas de... | ¿(No) te interesa... ? | (No) me interesa (mucho)... <br> (No) es muy interesante... |

## Expresar la causa

| Información + *PORQUE* + causa <br> (en medio de la frase) | *COMO* + causa, + información <br> (al principio de la frase) |
|---|---|
| La película es buena porque es de Almodóvar. | Como es de Almodóvar, la película es buena. |

# Apéndice gramatical

## Expresar la frecuencia

| Verbo SOLER | | |
|---|---|---|
| Yo | suelo | |
| Tú | sueles | |
| Él, ella, usted | suele | + INFINITIVO |
| Nosotros, as | solemos | |
| Vosotros, as | soléis | |
| Ellos, ellas, ustedes | suelen | |

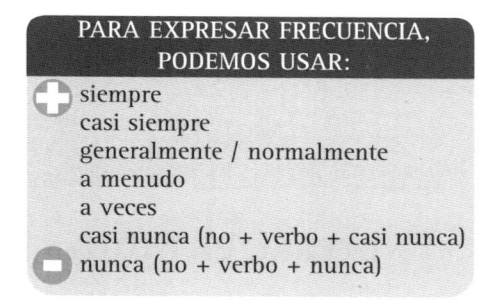

PARA EXPRESAR FRECUENCIA, PODEMOS USAR:
- ➕ siempre
  - casi siempre
  - generalmente / normalmente
  - a menudo
  - a veces
  - casi nunca (no + verbo + casi nunca)
- ➖ nunca (no + verbo + nunca)

## Expresar estados físicos y de ánimo

| Frases exclamativas | Estar + adjetivo | | | Tener + sustantivo | | |
|---|---|---|---|---|---|---|
| ¡Qué cansado/a estoy! | | | cansado/a. | | | calor. |
| ¡Qué harto/a estoy! | (No) estoy | muy | preocupado/a. | (No) tengo | mucho | sueño. |
| ¡Qué sueño tengo! | | un poco | harto/a. | | nada de | miedo. |
| ¡Qué calor tengo! | | | | | | |

## Expresar condiciones y consecuencias

| Condición | Consecuencia |
|---|---|
| SI + Presente | Futuro |
| Si no llevas paraguas, te mojarás. | |

## Expresar impersonalidad

| | | |
|---|---|---|
| SE + 3ª persona singular | Para referirse a las personas en general. | Aquí se vive mejor. |
| 3ª persona plural | Para referirse a las personas en general, sin incluir a los hablantes. | En esta revista hablan del trabajo. |

## Expresar obligación y prohibición

| Obligación personal | Prohibición personal |
|---|---|
| TENER QUE + infinitivo | Imperativo negativo |
| Tienes que aprobar el examen. | No hables ahora. |
| DEBER + infinitivo | |
| Debéis asistir a todas las clases. | |
| **Obligación impersonal** | **Prohibición impersonal** |
| HAY QUE + infinitivo | (Está) prohibido + infinitivo |
| Hay que girar a la derecha. | Está prohibido usar el móvil. |
| | No se puede + infinitivo |
| | No se puede fumar. |

# Apéndice gramatical

## Hacer sugerencias y prohibición

| | |
|---|---|
| Imperativo | *Guarda el dinero en el banco, es más seguro.* |
| Debes + infinitivo | *Debes tranquilizarte.* |
| Tienes que + infinitivo | *Tienes que venir con nosotros, te vas a divertir.* |
| ¿Por qué no + Presente? | *¿Por qué no haces más deporte?* |
| Imperativo negativo | *No ponga la maleta aquí.* |
| No se puede + infinitivo | *No se puede levantar de su asiento.* |

## Expresar el futuro

| | |
|---|---|
| **Seguro / Cierto** <br> Sí. <br> Es seguro que... <br> Estoy seguro de que... <br> **Probable / Posible** <br> Probablemente... <br> Seguramente... <br> Posiblemente.. <br> **Improbable / Imposible** <br> No. <br> Seguro que no... <br> Estoy seguro de que no... | + FUTURO |

## Pedir permiso, un favor o algo prestado

| | Pedir permiso | | Aceptar | Negar |
|---|---|---|---|---|
| Perdón <br> Por favor | ¿Puedo... ? <br> ¿Se puede... ? <br> ¿Me permite(s)... ? | + infinitivo | | |
| | **Pedir un favor** | | Sí, claro. <br> Sí, por supuesto <br> ¿Cómo no? | No, lo siento, es que... <br> No puedo porque... <br> Lo siento, pero... |
| Perdón <br> Por favor | ¿Puede(s)... ? | + infinitivo | | |
| | **Pedir algo prestado** | | | |
| Perdón <br> Por favor | ¿Me deja(s)... ? <br> ¿Puede(s) dejarme... ? <br> ¿Tiene(s)... ? | + sustantivo | | |

## Narrar y relacionar hechos

| Para empezar una historia | Para contar un hecho | Para describir una situación o una persona | Para introducir una acción importante | Para expresar consecuencias | Para terminar |
|---|---|---|---|---|---|
| Pues mira... <br> Pues, nada, que... <br> Resulta que... | Ayer / Anoche <br> El otro día <br> El lunes / martes <br> La semana pasada <br> Hace un año <br> ... <br> + Pretérito Indefinido | Pretérito Imperfecto | En ese momento <br> De repente <br> De pronto <br> Entonces <br><br> + Pret. Indefinido | (Y) por eso <br> Así que <br> Por lo tanto | Total, que... <br> Y nada, que... <br> Y al final... |

# Verbos

## Verbos regulares - Tiempos Simples

**Primer grupo: –AR**

| Hablar | Presente de Indicativo | Pretérito Indefinido | Pretérito Imperfecto | Futuro | Imperativo |
|---|---|---|---|---|---|
| Yo | hablo | hablé | hablaba | hablaré | - |
| Tú | hablas | hablaste | hablabas | hablarás | habla |
| Él, ella, usted | habla | habló | hablaba | hablará | hable |
| Nosotros, as | hablamos | hablamos | hablábamos | hablaremos | - |
| Vosotros, as | habláis | hablasteis | hablabais | hablaréis | hablad |
| Ellos, ellas, ustedes | hablan | hablaron | hablaban | hablarán | hablen |

**Segundo grupo: –ER**

| Beber | Presente de Indicativo | Pretérito Indefinido | Pretérito Imperfecto | Futuro | Imperativo |
|---|---|---|---|---|---|
| Yo | bebo | bebí | bebía | beberé | - |
| Tú | bebes | bebiste | bebías | beberás | bebe |
| Él, ella, usted | bebe | bebió | bebía | beberá | beba |
| Nosotros, as | bebemos | bebimos | bebíamos | beberemos | - |
| Vosotros, as | bebéis | bebisteis | bebíais | beberéis | bebed |
| Ellos, ellas, ustedes | beben | bebieron | bebían | beberán | beban |

**Tercer grupo: –IR**

| Vivir | Presente de Indicativo | Pretérito Indefinido | Pretérito Imperfecto | Futuro | Imperativo |
|---|---|---|---|---|---|
| Yo | viví | viví | vivía | viviré | - |
| Tú | vives | viviste | vivías | vivirás | vive |
| Él, ella, usted | vive | vivió | vivía | vivirá | viva |
| Nosotros, as | vivimos | vivimos | vivíamos | viviremos | - |
| Vosotros, as | vivís | vivisteis | vivíais | viviréis | vivid |
| Ellos, ellas, ustedes | viven | vivieron | vivían | vivirán | vivan |

## Verbos pronominales

| Llamarse | Presente de Indicativo | Pretérito Indefinido | Pretérito Imperfecto | Futuro | Imperativo |
|---|---|---|---|---|---|
| Yo | me llamo | me llamé | me llamaba | me llamaré | -- |
| Tú | te llamas | te llamaste | te llamabas | te llamarás | llámate |
| Él, ella, usted | se llama | se llamó | se llamaba | se llamará | llámese |
| Nosotros, as | nos llamamos | nos llamamos | nos llamábamos | nos llamaremos | -- |
| Vosotros, as | os llamáis | os llamasteis | os llamabais | os llamaréis | llamaos |
| Ellos, ellas, ustedes | se llaman | se llamaron | se llamaban | se llamarán | llámense |

## Formación del Pretérito Perfecto - Presente de Indicativo del verbo HABER + Participio

| | Hablar | Beber | Vivir |
|---|---|---|---|
| Yo | he hablado | he bebido | he vivido |
| Tú | has hablado | has bebido | has vivido |
| Él, ella, usted | ha hablado | ha bebido | ha vivido |
| Nosotros, as | hemos hablado | hemos bebido | hemos vivido |
| Vosotros, as | habéis hablado | habéis bebido | habéis vivido |
| Ellos, ellas, ustedes | han hablado | han bebido | han vivido |

# Verbos

## Gerundios y participios irregulares

| Gerundios | | | |
|---|---|---|---|
| decir | diciendo | poder | pudiendo |
| dormir | durmiendo | reir | riendo |
| morir | muriendo | sentir | sintiendo |
| pedir | pidiendo | venir | viniendo |

| Participios | | | |
|---|---|---|---|
| abrir | abierto | morir | muerto |
| cubrir | cubierto | poner | puesto |
| decir | dicho | romper | roto |
| escribir | escrito | ver | visto |
| hacer | hecho | volver | vuelto |

## Verbos conjugación especial

| Gustar | | Presente de Indicativo | Pretérito Indefinido | Pretérito Imperfecto | Futuro |
|---|---|---|---|---|---|
| A mí | me | gusta | gustó | gustaba | gustará |
| A ti | te | | | | |
| A él, ella, usted | le | | | | |
| A nosotros, as | nos | | | | |
| A vosotros, as | os | gustan | gustaron | gustaban | gustarán |
| A ellos, ellas, ustedes | les | | | | |

| Doler | | Presente de Indicativo | Pretérito Indefinido | Pretérito Imperfecto | Futuro |
|---|---|---|---|---|---|
| A mí | me | duele | dolió | dolía | dolerá |
| A ti | te | | | | |
| A él, ella, usted | le | | | | |
| A nosotros, as | nos | | | | |
| A vosotros, as | os | duelen | dolieron | dolían | dolerán |
| A ellos, ellas, ustedes | les | | | | |

## Verbos irregulares

| | Presente de Indicativo | Pretérito Indefinido | Pretérito Imperfecto | Futuro | Imperativo |
|---|---|---|---|---|---|
| **Adquirir** Participio: adquirido | adquiero | adquirí | adquiría | adquiriré | -- |
| | adquieres | adquiriste | adquirías | adquirirás | adquiere |
| | adquiere | adquirió | adquiría | adquirirá | adquiera |
| | adquirimos | adquirimos | adquiríamos | adquiriremos | -- |
| | adquirís | adquiristeis | adquiríais | adquiriréis | adquirid |
| | adquieren | adquirieron | adquirían | adquirirán | adquieran |
| **Caer** Participio: caído | caigo | caí | caía | caeré | -- |
| | caes | caíste | caías | caerás | cae |
| | cae | cayó | caía | caerá | caiga |
| | caemos | caímos | caíamos | caeremos | -- |
| | caéis | caísteis | caíais | caeréis | caed |
| | caen | cayeron | caían | caerán | caigan |
| **Concluir** Participio: concluido | concluyo | concluí | concluía | concluiré | -- |
| | concluyes | concluiste | concluías | concluirás | concluye |
| | concluye | concluyó | concluía | concluirá | concluya |
| | concluimos | concluimos | concluíamos | concluiremos | -- |
| | concluís | concluisteis | concluíais | concluiréis | concluid |
| | concluyen | concluyeron | concluían | concluirán | concluyan |

# Verbos

|  | Presente de Indicativo | Pretérito Indefinido | Pretérito Imperfecto | Futuro | Imperativo |
|---|---|---|---|---|---|
| **Conocer** Participio: conocido | conozco<br>conoces<br>conoce<br>conocemos<br>conocéis<br>conocen | conocí<br>conociste<br>conoció<br>conocimos<br>conocisteis<br>conocieron | conocía<br>conocías<br>conocía<br>conocíamos<br>conocíais<br>conocían | conoceré<br>conocerás<br>conocerá<br>conoceremos<br>conoceréis<br>conocerán | --<br>conoce<br>conozca<br>--<br>conoced<br>conozcan |
| **Contar** Participio: contado | cuento<br>cuentas<br>cuenta<br>contamos<br>contáis<br>cuentan | conté<br>contaste<br>contó<br>contamos<br>contasteis<br>contaron | contaba<br>contabas<br>contaba<br>contábamos<br>contabais<br>contaban | contaré<br>contarás<br>contará<br>contaremos<br>contaréis<br>contarán | --<br>cuenta<br>cuente<br>--<br>contad<br>cuenten |
| **Dar** Participio: dado | doy<br>das<br>da<br>damos<br>dais<br>dan | di<br>diste<br>dio<br>dimos<br>disteis<br>dieron | daba<br>dabas<br>daba<br>dábamos<br>dabais<br>daban | daré<br>darás<br>dará<br>daremos<br>daréis<br>darán | --<br>da<br>dé<br>--<br>dad<br>den |
| **Decir** Participio: dicho | digo<br>dices<br>dice<br>decimos<br>decís<br>dicen | dije<br>dijiste<br>dijo<br>dijimos<br>dijisteis<br>dijeron | decía<br>decías<br>decía<br>decíamos<br>decíais<br>decían | diré<br>dirás<br>dirá<br>diremos<br>diréis<br>dirán | --<br>di<br>diga<br>--<br>decid<br>digan |
| **Dormir** Participio: dormido | duermo<br>duermes<br>duerme<br>dormimos<br>dormís<br>duermen | dormí<br>dormiste<br>durmió<br>dormimos<br>dormisteis<br>durmieron | dormía<br>dormías<br>dormía<br>dormíamos<br>dormíais<br>dormían | dormiré<br>dormirás<br>dormirá<br>dormiremos<br>dormiréis<br>dormirán | --<br>duerme<br>duerma<br>--<br>dormid<br>duerman |
| **Entender** Participio: entendido | entiendo<br>entiendes<br>entiende<br>entendemos<br>entendéis<br>entienden | entendí<br>entendiste<br>entendió<br>entendimos<br>entendisteis<br>entendieron | entendía<br>entendías<br>entendía<br>entendíamos<br>entendíais<br>entendían | entenderé<br>entenderás<br>entenderá<br>entenderemos<br>entenderéis<br>entenderán | --<br>entiende<br>entienda<br>--<br>entended<br>entiendan |
| **Estar** Participio: estado | estoy<br>estás<br>está<br>estamos<br>estáis<br>están | estuve<br>estuviste<br>estuvo<br>estuvimos<br>estuvisteis<br>estuvieron | estaba<br>estabas<br>estaba<br>estábamos<br>estabais<br>estaban | estaré<br>estarás<br>estará<br>estaremos<br>estaréis<br>estarán | --<br>está<br>esté<br>--<br>estad<br>estén |
| **Haber** Participio: habido | he<br>has<br>ha<br>hemos<br>habéis<br>han | hube<br>hubiste<br>hubo<br>hubimos<br>hubisteis<br>hubieron | había<br>habías<br>había<br>habíamos<br>habíais<br>habían | habré<br>habrás<br>habrá<br>habremos<br>habréis<br>habrán | --<br>he<br>haya<br>--<br>habed<br>hayan |

# Verbos

| | Presente de Indicativo | Pretérito Indefinido | Pretérito Imperfecto | Futuro | Imperativo |
|---|---|---|---|---|---|
| **Hacer**<br>Participio:<br>hecho | hago<br>haces<br>hace<br>hacemos<br>hacéis<br>hacen | hice<br>hiciste<br>hizo<br>hicimos<br>hicisteis<br>hicieron | hacía<br>hacías<br>hacía<br>hacíamos<br>hacíais<br>hacían | haré<br>harás<br>hará<br>haremos<br>haréis<br>harán | --<br>haz<br>haga<br>--<br>haced<br>hagan |
| **Ir**<br>Participio:<br>ido | voy<br>vas<br>va<br>vamos<br>vais<br>van | fui<br>fuiste<br>fue<br>fuimos<br>fuisteis<br>fueron | iba<br>ibas<br>iba<br>íbamos<br>ibais<br>iban | iré<br>irás<br>irá<br>iremos<br>iréis<br>irán | --<br>ve<br>vaya<br>--<br>id<br>vayan |
| **Jugar**<br>Participio:<br>jugado | juego<br>juegas<br>juega<br>jugamos<br>jugáis<br>juegan | jugué<br>jugaste<br>jugó<br>jugamos<br>jugasteis<br>jugaron | jugaba<br>jugabas<br>jugaba<br>jugábamos<br>jugabais<br>jugaban | jugaré<br>jugarás<br>jugará<br>jugaremos<br>jugaréis<br>jugarán | --<br>juega<br>juegue<br>--<br>jugad<br>jueguen |
| **Leer**<br>Participio:<br>leído | leo<br>lees<br>lee<br>leemos<br>leéis<br>leen | leí<br>leíste<br>leyó<br>leímos<br>leísteis<br>leyeron | leía<br>leías<br>leía<br>leíamos<br>leíais<br>leían | leeré<br>leerás<br>leerá<br>leeremos<br>leeréis<br>leerán | --<br>lee<br>lea<br>--<br>leed<br>lean |
| **Nacer**<br>Participio:<br>nacido | nazco<br>naces<br>nace<br>nacemos<br>nacéis<br>nacen | nací<br>naciste<br>nació<br>nacimos<br>nacisteis<br>nacieron | nacía<br>nacías<br>nacía<br>nacíamos<br>nacíais<br>nacían | naceré<br>nacerás<br>nacerá<br>naceremos<br>naceréis<br>nacerán | --<br>nace<br>nazca<br>--<br>naced<br>nazcan |
| **Obedecer**<br>Participio:<br>obedecido | obedezco<br>obedeces<br>obedece<br>obedecemos<br>obedecéis<br>obedecen | obedecí<br>obedeciste<br>obedeció<br>obedecimos<br>obedecisteis<br>obedecieron | obedecía<br>obedecías<br>obedecía<br>obedecíamos<br>obedecíais<br>obedecían | obedeceré<br>obedecerás<br>obedecerá<br>obedeceremos<br>obedeceréis<br>obedecerán | --<br>obedece<br>obedezca<br>--<br>obedeced<br>obedezcan |
| **Oír**<br>Participio:<br>oído | oigo<br>oyes<br>oye<br>oímos<br>oís<br>oyen | oí<br>oíste<br>oyó<br>oímos<br>oísteis<br>oyeron | oía<br>oías<br>oía<br>oíamos<br>oíais<br>oían | oiré<br>oirás<br>oirá<br>oiremos<br>oiréis<br>oirán | --<br>oye<br>oiga<br>--<br>oíd<br>oigan |
| **Oler**<br>Participio:<br>olido | huelo<br>hueles<br>huele<br>olemos<br>oléis<br>huelen | olí<br>oliste<br>olió<br>olimos<br>olisteis<br>olieron | olía<br>olías<br>olía<br>olíamos<br>olíais<br>olían | oleré<br>olerás<br>olerá<br>oleremos<br>oleréis<br>olerán | --<br>huele<br>huela<br>--<br>oled<br>huelan |

# Verbos

| | Presente de Indicativo | Pretérito Indefinido | Pretérito Imperfecto | Futuro | Imperativo |
|---|---|---|---|---|---|
| **Pedir** Participio: pedido | pido<br>pides<br>pide<br>pedimos<br>pedís<br>piden | pedí<br>pediste<br>pidió<br>pedimos<br>pedisteis<br>pidieron | pedía<br>pedías<br>pedía<br>pedíamos<br>pedíais<br>pedían | pediré<br>pedirás<br>pedirá<br>pediremos<br>pediréis<br>pedirán | --<br>pide<br>pida<br>--<br>pedid<br>pidan |
| **Pensar** Participio: pensado | pienso<br>piensas<br>piensa<br>pensamos<br>pensáis<br>piensan | pensé<br>pensaste<br>pensó<br>pensamos<br>pensasteis<br>pensaron | pensaba<br>pensabas<br>pensaba<br>pensábamos<br>pensabais<br>pensaban | pensaré<br>pensarás<br>pensará<br>pensaremos<br>pensaréis<br>pensarán | --<br>piensa<br>piense<br>--<br>pensad<br>piensen |
| **Poder** Participio: podido | puedo<br>puedes<br>puede<br>podemos<br>podéis<br>pueden | pude<br>pudiste<br>pudo<br>pudimos<br>pudisteis<br>pudieron | podía<br>podías<br>podía<br>podíamos<br>podíais<br>podían | podré<br>podrás<br>podrá<br>podremos<br>podréis<br>podrán | --<br>puede<br>pueda<br>--<br>poded<br>puedan |
| **Poner** Participio: puesto | pongo<br>pones<br>pone<br>ponemos<br>ponéis<br>ponen | puse<br>pusiste<br>puso<br>pusimos<br>pusisteis<br>pusieron | ponía<br>ponías<br>ponía<br>poníamos<br>poníais<br>ponían | pondré<br>pondrás<br>pondrá<br>pondremos<br>pondréis<br>pondrán | --<br>pon<br>ponga<br>--<br>poned<br>pongan |
| **Querer** Participio: querido | quiero<br>quieres<br>quiere<br>queremos<br>queréis<br>quieren | quise<br>quisiste<br>quiso<br>quisimos<br>quisisteis<br>quisieron | quería<br>querías<br>quería<br>queríamos<br>queríais<br>querían | querré<br>querrás<br>querrá<br>querremos<br>querréis<br>querrán | --<br>quiere<br>quiera<br>--<br>quered<br>quieran |
| **Reír** Participio: reído | río<br>ríes<br>ríe<br>reímos<br>reís<br>ríen | reí<br>reíste<br>rió<br>reímos<br>reísteis<br>rieron | reía<br>reías<br>reía<br>reíamos<br>reíais<br>reían | reiré<br>reirás<br>reirá<br>reiremos<br>reiréis<br>reirán | --<br>ríe<br>ría<br>--<br>reíd<br>rían |
| **Saber** Participio: sabido | sé<br>sabes<br>sabe<br>sabemos<br>sabéis<br>saben | supe<br>supiste<br>supo<br>supimos<br>supisteis<br>supieron | sabía<br>sabías<br>sabía<br>sabíamos<br>sabíais<br>sabían | sabré<br>sabrás<br>sabrá<br>sabremos<br>sabréis<br>sabrán | --<br>sabe<br>sepa<br>--<br>sabed<br>sepan |
| **Salir** Participio: salido | salgo<br>sales<br>sale<br>salimos<br>salís<br>salen | salí<br>saliste<br>salió<br>salimos<br>salisteis<br>salieron | salía<br>salías<br>salía<br>salíamos<br>salíais<br>salían | saldré<br>saldrás<br>saldrá<br>saldremos<br>saldréis<br>saldrán | --<br>sal<br>salga<br>--<br>salid<br>salgan |

# Verbos

| | Presente de Indicativo | Pretérito Indefinido | Pretérito Imperfecto | Futuro | Imperativo |
|---|---|---|---|---|---|
| **Sentir** Participio: sentido | siento<br>sientes<br>siente<br>sentimos<br>sentís<br>sienten | sentí<br>sentiste<br>sintió<br>sentimos<br>sentisteis<br>sintieron | sentía<br>sentías<br>sentía<br>sentíamos<br>sentíais<br>sentían | sentiré<br>sentirás<br>sentirá<br>sentiremos<br>sentiréis<br>sentirán | --<br>siente<br>sienta<br>--<br>sentid<br>sientan |
| **Ser** Participio: sido | soy<br>eres<br>es<br>somos<br>sois<br>son | fui<br>fuiste<br>fue<br>fuimos<br>fuisteis<br>fueron | era<br>eras<br>era<br>éramos<br>erais<br>eran | seré<br>serás<br>será<br>seremos<br>seréis<br>serán | --<br>sé<br>sea<br>--<br>sed<br>sean |
| **Tener** Participio: tenido | tengo<br>tienes<br>tiene<br>tenemos<br>tenéis<br>tienen | tuve<br>tuviste<br>tuvo<br>tuvimos<br>tuvisteis<br>tuvieron | tenía<br>tenías<br>tenía<br>teníamos<br>teníais<br>tenían | tendré<br>tendrás<br>tendrá<br>tendremos<br>tendréis<br>tendrán | --<br>ten<br>tenga<br>--<br>tened<br>tengan |
| **Traducir** Participio: traducido | traduzco<br>traduces<br>traduce<br>traducimos<br>traducís<br>traducen | traduje<br>tradujiste<br>tradujo<br>tradujimos<br>tradujisteis<br>tradujeron | traducía<br>traducías<br>traducía<br>traducíamos<br>traducíais<br>traducían | traduciré<br>traducirás<br>traducirá<br>traduciremos<br>traduciréis<br>traducirán | --<br>traduce<br>traduzca<br>--<br>traducid<br>traduzcan |
| **Traer** Participio: traído | traigo<br>traes<br>trae<br>traemos<br>traéis<br>traen | traje<br>trajiste<br>trajo<br>trajimos<br>trajisteis<br>trajeron | traía<br>traías<br>traía<br>traíamos<br>traíais<br>traían | traeré<br>traerás<br>traerá<br>traeremos<br>traeréis<br>traerán | --<br>trae<br>traiga<br>--<br>traed<br>traigan |
| **Valer** Participio: valido | valgo<br>vales<br>vale<br>valemos<br>valéis<br>valen | valí<br>valiste<br>valió<br>valimos<br>valisteis<br>valieron | valía<br>valías<br>valía<br>valíamos<br>valíais<br>valían | valdré<br>valdrás<br>valdrá<br>valdremos<br>valdréis<br>valdrán | --<br>vale<br>valga<br>--<br>valed<br>valgan |
| **Venir** Participio: venido | vengo<br>vienes<br>viene<br>venimos<br>venís<br>vienen | vine<br>viniste<br>vino<br>vinimos<br>vinisteis<br>vinieron | venía<br>venías<br>venía<br>veníamos<br>veníais<br>venían | vendré<br>vendrás<br>vendrá<br>vendremos<br>vendréis<br>vendrán | --<br>ven<br>venga<br>--<br>venid<br>vengan |